最美的关系

娘儿俩

仪修文 李懿霖 著

山东城市出版传媒集团·济南出版社

图书在版编目（CIP）数据

娘儿俩／仪修文，李懿霖著．—济南：济南出版
社，2020.5（2024.3 重印）
　　（最美的关系）
　　ISBN 978 - 7 - 5488 - 4192 - 0

　　Ⅰ.①娘… Ⅱ.①仪… ②李… Ⅲ.①亲子关系—家
庭教育 Ⅳ.①G782

　　中国版本图书馆 CIP 数据核字（2020）第 072107 号

出 版 人　谢金岭
责任编辑　张伟卿　姚晓亮
装帧设计　杨建明　郭全英
出版发行　济南出版社
地　　址　济南市二环南路 1 号（250002）
编辑热线　0531 - 86131741
发行热线　0531 - 67817923　86922073　68810229
印　　刷　山东百润本色印刷有限公司
版　　次　2020 年 5 月第 1 版
印　　次　2024 年 3 月第 3 次印刷
成品尺寸　170mm×240mm　16 开
印　　张　9.5
字　　数　130 千
定　　价　54.40 元

前言：还好，在路上

如果没有那个约稿电话，如果不是我和编辑的教育观念基本上是一致的，也许，因为早期肺癌而刚刚接受了胸腔镜手术的我，不可能这么快就静下心来回顾梳理过去，当然，也就不可能有这样一本书。

有人说：生命如旅行，真正的收获总在路上。我觉得这绝对是历经磨难与坎坷之后的肺腑之言。如果说生命是一场旅行，那么沿途一定会有各种各样的风景。有些风景会让人满心欢喜，有些风景会让人怦然心动，有些风景不但会迷乱了人的眼睛，甚至还会啄食人的心灵。

孩子是我今生最美的遇见，是我人生路上最值得全心全力追逐并欣赏的风景。而立之年，女儿的出现，不仅弥补了我曾经迷茫无助又无可奈何的遗憾，更让我体验到了生命层层绽放的神秘与欣喜，让我拥有了享受天伦之乐的满足感，也让我的生命更加完整。女儿温柔的眼睛、甜美的笑容和善良宽厚的心，无不成为我奋力向前的动力——无论发生了什么，都必须努力健康地活着，尽可能给予她更多的陪伴。

感谢张伟卿主任和姚晓亮编辑，只是因为当初的一个约稿电话，让我备受鼓舞的同时也产生了满满的价值感，让我在很短的时间内就对这本书有了一个比较清晰的规划。而且，在简单思考写作计划的时候，有很多生活记忆又活灵活现地浮现眼前，有很多文字就像汩汩的泉水不断在脑海里涌现。而在梳理回忆与女儿一起经历的点点滴滴的时候，我的内心充满了浓浓的幸福感，也深深地感到自己的生命无比丰满。

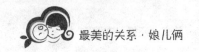

作为一个患过癌症的人，像很多患者一样，不能不考虑自己的后半生怎么过。尽人事，听天命——这是我时时提醒自己的。努力过好每一天，尽量减少生命的遗憾，这是我目前唯一的选择。而现在要出版的这本书，不仅记录了我平凡人生所遭遇的一些不平常的片段，还详细梳理了我在抚养培育女儿过程中的诸多感悟和思考，它的出现必然会增添我生命的价值感，也会让我的余生更加无憾。

我只是一名普通老师，只是一名平凡的妈妈，业余时间喜欢通过文字表达自己的一些想法。我很幸运在人生路上遇到了趣味相投互相欣赏的朋友，正是有了他们的鼓励、支持和陪伴，我才顺利走过了那些不属于自己的风景，并尽量用悠然的心情去欣赏路上的不可避免的种种经历。而我也正努力以自己的方式散播能让生命开花的种子，使自己的生命变得枝繁叶茂，让崎岖多舛的人生变得宽阔轻盈。

这本书是我和女儿相遇十八年来最美好的纪念，也是我俩送给彼此的最珍贵的礼物。我希望女儿的生命里四季分明且冬天短暂，我相信她在以后的人生路上一定能够自由地欣赏各种风景。

我不敢说已走过平湖烟雨、岁月山河，更算不上历尽劫难、尝遍百味，但我知道往后余生会更加生动光明、简单干净。

因为心中有爱，所以选择坚强；因为眼里有光，所以一直在路上。

仪修文

2020 年 1 月 22 日

目 录

第一章

女儿的到来，
让我的世界春暖花开

三次小产 —— 不能不说的伤痛

结婚，生子，是人生的两大喜事。

对有些人来说，生子是水到渠成、顺其自然，而对有些人来说，当上家长却是遥不可及的梦想，要四处奔波要经历一波三折，就仿佛龚琳娜老师唱的那首《忐忑》的旋律。

我就属于后者。在女儿到来之前，我经历过三次小产。

第一次小产是迫不得已的选择。婚后不久，我出现不愿意吃饭、发低烧、浑身无力等症状。先是去单位医院看内科，被诊断为感冒，遵医嘱打了一个星期的庆大霉素，但不见好转。又去三甲医院的消化科，并听从医生的建议做了胃镜，被诊断为浅表性胃炎，吃了一周的中药。折腾了两个星期，症状并没有减轻，我仍然无精打采地上班。

一天，办公室的同事肖老师悄悄地问我："你是不是怀孕了？"

我很不好意思地说："这怎么可能呢！"但忽然想起原本就不正常的"大姨妈"确实很久没有造访了。

我马上来到人民医院妇产科，医生让我做了尿检，结果显示确实是怀孕了。

可是我一点儿也没有当妈妈的喜悦，接下来更是无可奈何的纠结。在胎儿发育的最初阶段，我打了一个星期的庆大霉素，很有可能会导致胎儿畸形。我连续问了医生好几遍，医生都说："谁也不敢保证不会导致畸形，要不要这个孩子，你自己拿主意吧。"

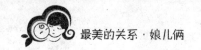

那个时候，我家很穷，住的是单位一间几平方米的集体宿舍，水泥地面和墙壁四周是自己刷的红绿油漆，一张床边放一个简易三人沙发，沙发前放一张茶几，茶几前就是液化气罐和房间大门。这样的生活条件，是不能够给孩子舒适的生活环境的。最重要的是，一旦孩子出现畸形，后果将不堪设想。

反复考虑纠结了三天之后，我住院做了手术。万万没想到，这个手术之后，孩子就成了我生活中一个天大的问题。

后来，单位分了一套两居室，我们简单收拾了一下就搬了进去。有了房子，就想有个孩子。可是，不知道为什么，我却迟迟不能怀孕，虽然没有去看医生，但心里开始犯嘀咕。终于，1998年的初冬我怀孕了，看到尿检结果的刹那真的是惊喜万分。恰好和我同时参加工作的一个同事也怀孕了，我俩都早早换上了孕妇装，经常凑到一起交流。甚至不知谁还开玩笑说，如果将来生出来是一男一女，我们就努力成为亲家。

可是，这种洋溢着初为人母的喜悦只持续了两个星期。一天早上，我突然腹痛，在洗手间发生了自然流产。拿着胚胎组织去医院进行化验，诊断结果是异常妊娠。我不得不再次进行了清宫术，从手术室出来时，我晕倒在地。

经过一个月的休养，肉体的伤痛渐渐平息。我回到学校上班，去看望"亲家母"。意外的，一个同事的话就像一根铁棒狠狠地敲在我的头上，她当众说："生孩子是女人最起码的本事，连个孩子都保不住，小心自己的老公也跟人跑了。"

现在想来，同事应该并无恶意，她只是以过来人的身份说了一个可能存在的事实，或许只是肺腑之言、经验之谈。可是，在当时，我感觉自己脆弱的心灵备受打击。同时，一种莫名的惶恐油然而生，自卑得几乎要把自己深深地埋到尘埃里。

我开始东奔西跑、寻医问药。在老家的母亲不但四处打听秘方，还花高价买来了鹿茸等补品让我吃。我也经人推荐认识了本市有名的妇产科专家刘大夫，并开始按照要求持续吃她开的中药。吃了一段时间的中药之后，2000年的春天，我又怀孕了。这一次我特别小心，除了继续找刘大夫开中药保胎，还请假在家静养。虽然妊娠反应很厉害，恶心呕吐得吃不下任何东西，但是，为了孩子的健康，我努力坚持不断地吃。我开始看各种育儿图书，还用钩针织了一个小小的白色线帽和一双小袜子。所有孕期不适都被成为准妈妈的喜悦替代了。

保胎三个月了，我已经不再孕吐，我到单位医院做 B 超检查，如果一切正常，我就可以去学校上班了。

可是，医生检查后告诉我：没听到胎心。

我吓了一跳，但不相信。医生看看我并摇摇头，建议我到市内三甲医院再检查看看。我立即来到市人民医院，找了妇产科主任医师。先是做 B 超检查的医生告诉我："胚胎大约在两个月的时候就停止发育了。"后来妇产科主任看了看检查结果，说："这属于优胜劣汰的自然现象。保不住的胚胎就是质量有问题，勉强保留下来也不好。什么时候拥有孩子，要看缘分。孩子不保，就是缘分未到。"

这简直就是晴天霹雳！可是没有办法，我只能去面对。于是，我又住进了医院，再次接受清宫手术。躺在医院的病床上，我深深地体验到了什么叫欲哭无泪。

住院期间，同一病房的一对农村来的夫妇给我留下了深刻印象。男的大约50岁，女的也得30多岁了。他们的第一个孩子是女孩，已经13岁了，这次生的是二孩。因为去地里干活的时候出现早产症状，所以立即来医院检查。结果，孩子刚七个多月就出生了，一直待在我和她两床之间的保温箱里。她说，在这个孩子之前，她曾经怀过五个孩子，都半途流产了。有的孩子都有暖水瓶那么大了，看着真是心疼，她比画着。后来，来这个医院找专家看了看，说是宫颈口松弛的原因。又怀了这个孩子之后，就来医院做了结扎宫颈口的手术，才保住了这个二孩。另外，女人还告诉我，她是被骗结婚的。相亲的时候，媒人说男人只比她大三岁，见面后看着男人有些老，还以为是没媳妇愁的。结婚若干年以后，有机会看到了男人的身份证，才知道男人比自己大12岁，但是已经晚了。女人叽里呱啦说话的时

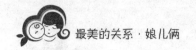

候，男人只是笑，一点儿也不反驳。

这个妈妈让我心生感动。三番五次流产手术，可想而知女人的身心得遭受多大的痛苦，但她却依然不放弃，几乎拼尽全力生二孩。

我把自己织的小帽子和小袜子等都送给了这个大龄妈妈。

出院之前，我还自费做了染色体检查，结果并无异常。

迷茫中我出院了。我不知道是什么原因使自己接二连三地失去腹中的胎儿，也不知道自己这辈子是否能当上妈妈。夜深人静时，我经常反思自己：也许正是第一次小产手术后没有好好善待自己，造成了身体的伤害而不自知，以至于接二连三地出现不正常妊娠。我曾经无数次无奈地暗暗祈祷：老天爷，请给我一个孩子，无论丑俊，无论聪明与否，只要健康就好！

所以，只要有相熟的年轻人结婚，我都忍不住反复叮嘱人家：如果不是丁克一族，结婚后一定要做好功课，好好学习，做好为人父母的准备，千万不要像我一样，因为粗心大意和盲目无知，迫不得已放弃了第一个孩子。

保胎 —— 特别时期的意外

2001年的五一长假，我回老家，发现母亲生病了，她头晕头疼，还出现呕吐现象，原本就瘦弱的她更加憔悴了。那时候，哥哥到国外去了，两个弟弟还没有成家，只能由我带着母亲到我所在城市的三甲医院进行检查。一开始医生给出的治疗方案并不对症，母亲输了三天液不但未见好转，而且呕吐得越发严重。我又带着母亲来到医院挂了专家号。专家进行了检查，并让母亲做了加强磁共振。最后确诊：母亲的小脑附近有一个肿块，必须马上进行手术切除。

记得母亲手术前的那个晚上，我和沐浴后的母亲躺在家里的床上。母亲叮嘱我一定要调理好身体生一个孩子，无论何时都不要辞掉工作，等等。母亲说话的声音不大，有气无力的，目光里透出淡淡的恐惧和恋恋不舍。

我感觉自己被万箭穿心，同时也感到遗憾万分！母亲最牵挂的是我还没能当上妈妈。

母亲的手术进行得很顺利，她很坚强，术后康复得也很快。但是，术后病理再一次让我提心吊胆：母亲的肿块是转移瘤。母亲又进行肺部、乳腺等部位的相应检查，最终却没有找到原发病灶在哪，所以无法进行化疗。我也没再带着母亲到其他医院去检查。其实我当时根本就没有这种意识，现在想来后悔不已。

母亲出院后在我家住了一段时间就回老家了。不久后我放暑假，丈夫到外地工作去了，我一个人待在家里，创造了整整一个星期没有下楼的纪

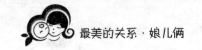

录。除了吃饭和整理了一点点文字，其余的时间基本上都是昏昏欲睡，可能在母亲住院的这段时间我在单位和医院之间来回奔波得精疲力竭。要一个孩子的问题，根本就不在考虑之列。

忙忙碌碌的新学期开始了，我却意外发现自己又怀孕了，同时又出现了流血等不良症状。按照医生的嘱咐，我回家卧床休息，并开始打保胎针。我没有再次当上母亲的喜悦，也没有可能再次失去胎儿的恐惧，可能前三次的小产经历让我麻木了。这一次，我对自己说：这个孩子，行就行，不行就算了。

幸亏我的朋友高医生，她带我认识了妇产科田主任。在她俩的关注和帮助下，我打了一段时间的保胎针后进行 B 超检查。做 B 超的医生动作娴熟，每一次他的一句"很好"就为我增添不少力量，让我更加坚定也更加平静。只是，因为保胎，我没能经常回老家看看母亲。

因为丈夫在外地工作，我独自一人生活。非常感谢很多人：朋友70多岁的父亲爬五楼给我送吃的；苗老师放学后给我做的蒜蓉茼蒿让我记忆深刻；想吃水饺的时候，窦老师就去饺子店给我买一份送过来……亲朋好友带来的温暖，让我顺利地度过了那个冬天。

怀孕4个月的时候，我不但没有了妊娠反应，而且胃口大开、饭量大增。我去医院做了检查、建立了档案，并按照医生要求的时间严格地执行产检。那是一段过得飞快的岁月。看着自己的腹部逐渐隆起，我开始体验到了即将做母亲的喜悦。我剪掉了心爱的长发，整天素面朝天，为的是远离化妆品可能给胎儿带来的危害。我的生活更加规律了：每天按时刷牙洗脸，刷牙的时候一定会在心里哼唱儿歌；每天下楼晒着太阳哼着儿歌散步；每天吃各种水果，等等。

2002年3月，我回老家探望了母亲。5月2日，我去人民医院做了检查，一切正常，体重124斤，那是怀孕后最重的纪录。5月4日，我接到了母亲去世的电话。父亲和哥哥不让我回老家。当时，我把腹中的胎儿看得很重，听从了医生和朋友的建议：先尽己所能保住还没有出生的孩子，其他的事情先不要做。

我没能见母亲最后一面，也没能为母亲出殡送行，这是我这辈子永远无法弥补的遗憾！

　　母亲下葬的那天，是我的同事王老师陪我度过的。她的母亲也是因病去世的。在她的陪伴下，我的情绪还好，没有大悲大痛，尽量保持冷静。但是，从那以后一直到孩子出生，我的体重一点儿也没再增长。而且，后来检查发现胎儿脐带绕颈、胎位不正，于是我又按照医生的嘱咐，每天跪趴20分钟，期待能够胎位转正。孩子出生之前的那两周，我一直在家吸氧，每天早上醒来，首先用手摸一摸腹部，期待胎儿快点动一动，如果过段时间没动静，我心里就会感到万分恐惧。

　　胆战心惊中，终于熬到了2002年7月5日，我躺到了手术台上接受剖宫产。麻醉医生很温和地和我聊天，夸赞我的名字与众不同，我又是一阵心痛，因为我的名字是母亲起的。在医生聊天的瞬间，我就感觉自己腹部以下渐渐没有知觉了。突然，一个人大喊："快看，她的血压下来了！"另一个人说："麻利点儿，先把孩子抱出来！"随后我就感觉自己的腹部被撕扯拉拽着。

　　我心惊肉跳，默默祈祷：无论我怎样，孩子千万别出状况！

　　随着一声响亮的啼哭，女儿距离预产期提前两周出生了。

　　"哭声洪亮，很健康！"有人说。

　　我泪流满面，心里默默地对母亲说："娘，我也当母亲了！"

　　孩子的到来冲淡了所有的不愉快。虽然她只有5斤3两，但看着她平静的面容，我心里满满的都是当了母亲的感动。虽然是剖宫产，但我第二天就下床了。因为早下床活动不但有利于伤口恢复，而且还可以尽早坐起来抱着孩子喂奶。

　　有时候，看着孩子均匀地呼吸、静静地睡觉，我心里还有一种特别不踏实的感觉，我不敢相信，自己终于真正当上了母亲。

　　也许正是因为经历了三次失去胎儿，承受着失去母亲努力保胎的经历，我深深地知道孩子的来之不易。所以，女儿上学以后，我在学习成绩上对她毫无要求，只希望她能每天快快乐乐地上学、健健康康地成长。

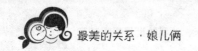

产后抑郁 —— 幸亏及时觉察

最近几年，通过报刊和网络，经常会看到一些产妇因为产后抑郁而自杀的报道：30岁妈妈产后抑郁症撒下半岁女儿跳楼自杀；"90后"妈妈阿红（化名）因产后抑郁，用被褥捂住一双儿女后开煤气自杀，阿红最终获救，她的一双儿女却永远离开了人世；浙江一位二孩妈妈患上产后抑郁症，想杀了孩子再自杀；一位年轻妈妈得了产后抑郁症，家人却说她瞎矫情，她从10楼的天台一跃而下……这样触目惊心的事件层出不穷，可见人们对抑郁症的了解太少，对产后抑郁症的认识和预防还远远不够。

每当看到这样的事件发生，唏嘘不已的同时我经常想：如果产妇本人了解产后抑郁症，而且特别关注自己的情绪健康，或者产妇的家人了解产后抑郁症，生活中不是只注意对产妇的吃喝照顾而更重视对产妇的精神呵护，当产妇抑郁症严重时及时带她去正规医院寻求医生的帮助和治疗，那么，这些自杀、甚至杀子后自杀的行为，是不是就能避免了呢？

我认为这是极有可能的，因为我就曾走到产后抑郁的边缘。

我生完孩子出院回家后的最初几天，喂奶、睡觉，一切都相安无事。可是，有一天早上醒来，我看着躺在小床上熟睡的女儿，忽然就感到万分悲哀！我想起了母亲，想起了母亲的辛苦劳累和孤独，想起了她在刚刚要享福的时候却得了不治之症，五十多岁就离开了人世。而且作为孩子，作为她唯一的女儿，却没能在她最需要我的时候照顾她、陪伴她，甚至都没能与她告别……我心里有说不出的内疚、遗憾和自责，心里堵得仿佛灌了铅一般。

人活着有什么意思呢？我有什么能力把孩子拉扯大？我竟然这样想了！而且，当孩子醒来啼哭要吃奶的时候，我蜷缩在夏凉被里竟然不想去抱她了。

发现自己的这些状况，我马上想到自己可能出现产后抑郁了。因为在这之前我曾经看到报道说，香港一个女明星，刚坐完月子就从一幢公寓的24楼跳下自杀身亡。家属在追忆其生平的时候，公开了她跳楼自杀的真正原因是产后抑郁症。

当时我感到非常震惊。女本柔弱，为母则刚。一个女人为了自己的孩子，什么痛苦和困难不能忍受呢？自己死了孩子怎么办？谁也不能替代亲生母亲啊！能让一个母亲全然不顾自己的孩子而跳楼自杀，抑郁症真的这么可怕吗？

于是，出于好奇我不但上网查了查，而且还买了很多育儿方面的书，知道产后抑郁症指的是产妇分娩后出现的抑郁症状，一般在产后6周内第一次发病，表现为情绪低落、悲伤哭泣、担心多虑、胆小害怕、烦躁不安、易激惹发火等，严重时会失去生活自理和照顾婴儿的能力，甚至悲观绝望自伤自杀。我还了解到产后抑郁症产生的原因有生物因素、遗传因素、躯体疾病因素以及社会心理因素等，产妇有追求完美、要强、急脾气等个性特点，新生儿出生以后产妇的心理应对能力不够、对照顾孩子应接不暇等都可能会造成产后抑郁症。不同的产妇产后抑郁的时间不同，心理素质好的持续的时间短，心理素质差的持续的时间长。产后抑郁症在产后的妈妈中很常见，一般不需要药物治疗，但及时发现并进行适当的心理干预至关重要。

那天，我清醒地认识到自己可能产后抑郁了，即便没有达到抑郁症的程度，最起码是出现了产后忧郁。我知道这种心理状态不会持续很长时间，一般就是每天几分钟到几个小时不等，而且会在生产后的半个月到一个月内自动消失。但是，当时，我却感到无能为力，躺在床上默默地看着啼哭的孩子，忽然就悲从中来，泪流满面，伤心不已。

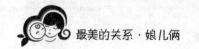

幸好，就在我悲悲戚戚无法自已的时候，朋友小董来看我。她先是洗了一些刚刚换下的尿布，然后就家长里短陪我聊天。孩子哭的时候，她就抱起来，一遍一遍地说："你看她长得多像你呀，双眼皮大眼睛，你看她在笑呢，爱笑的孩子有福气！"

就这样，小董陪伴我直到晚上。第二天醒来，我感觉心情好了很多。我很庆幸自己事前就阅读了很多关于产后抑郁症的书和故事，了解了关于产后抑郁症的表现和严重后果，对于自己的反常表现心知肚明。也很幸运，当我出现产后抑郁萌芽的时刻，有朋友及时出现和悉心陪伴，帮我安全度过了这个危险的特殊阶段。后来，每当想念母亲，我就趁孩子睡觉的时候，拿起纸笔写下来，通过文字寄托自己的思念和愧疚之情，同时也及时疏泄自己的不良情绪。

任何一位女性，无论多大年龄或者什么文化水平，都有可能患上产后抑郁症。而据一项由湖南医药学院联合加拿大渥太华大学进行的研究表明，当家庭成员（尤其是丈夫）在女性生产后对其给予无条件的支持和理解时，女性患上产后抑郁症的概率为9.6%；反之，这个概率直接飙升到39.8%。所以，为人父母之前，夫妻双方一定要提前做好功课，也可以明确告知自己的家人，对于产妇可能会出现的各种状况做到心知肚明，防患于未然。

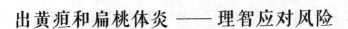

出黄疸和扁桃体炎 —— 理智应对风险

做了父母之后，不仅要事事提前做好功课，关键时刻保持冷静和理智也是非常必要的。

孩子出了满月，给她量体重的快乐忽然就被持续黄疸的惊恐代替了。因为我发现女儿的小脸依然发黄，按照书上说的这有点不正常。我想起月子里曾有妇幼保健院的医生上门看望，还给留下了药，说是退黄疸的，可惜当时觉得孩子的黄疸不严重就没当回事。我有点后悔，赶紧抱着孩子去医院就诊。

儿科医生用一个手持仪器在孩子的额头上照了一下，然后说了一组数据，意思是黄疸超标需要立即住院治疗。还没等我和孩子爸爸回过神儿来呢，医生就拿起电话询问病房的床位情况。

没有床位。医生开了住院单，让我们回家等住院部的电话。

我的第一反应是不想让孩子住院，我很不安地问："像我孩子这种情况，除了住院治疗还有没有其他方法？"

医生想了想，说："也可以吃药试试。"然后就给开了药。

拿着不到 4 元钱的药回家，孩子爸爸又独自去了妇幼保健院咨询医生，医生说需要抽血化验检查，但因为孩子太小，需要从孩子的脖子处抽血。

我很不赞同抽血检查。我看看体重刚刚 8 斤多的孩子，不想这么早就让她遭受扎针之苦，况且还是在脖子处。

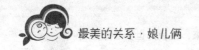

我开始上网、看书查阅资料，知道还有一种造成孩子黄疸不退的原因：母乳。一线希望在我的心里陡然升起：也许孩子的黄疸就是因为吃母乳引起的呢！我决定结合医生开的药试一试：断母乳，喂奶粉。我严格按照药物说明，把药片磨成粉状倒进奶瓶，每八小时给孩子喂一次。就这样坚持了一个星期，孩子的脸慢慢变白了，黄疸悄悄退了。

退了黄疸，我又开始纠结了。我知道对婴儿来说母乳喂养是最好的，如果就这样不给孩子吃母乳了真是可惜！我决定再大胆地试一试，开始给孩子吃母乳。我想如果孩子再出现黄疸，我就立即停止。还好，虽然孩子继续吃母乳了，但是再也没有出现黄疸。

这件事虽然让我胆战心惊了一阵子，但也让我感到非常欣慰：是我的冷静和理智，让孩子避免了抽血化验检查的皮肉之苦。但我的脑海里经常会出现疑问：这个4元钱的药物加停止母乳退黄疸的方法，是歪打正着了吗？如果当时有床位，我可能就会同意让孩子住院，孩子遭受打针之苦就不可避免了。

后来，每当想起这件事，我心里就有满满的成就感。孩子出现状况的时候，作为父母万万不可惊慌失措，既要及时到正规医院就诊并理智对待医生的建议，又要动脑筋多学习多思考，力争把风险降到最低，避免让孩子遭受过度治疗和伤害。

因为我的理智和坚持，让孩子避免了过度治疗的，还有她的扁桃体发炎。可能遗传了我，女儿天生扁桃体大，又可能因为剖宫产，她肺部呼吸功能没有得到出生时产道挤压的锻炼，所以她感冒后扁桃体容易发炎。我带着她去不同的医院看医生，医生几乎都建议做手术割掉扁桃体。我仔细询问了两个已经给孩子做了扁桃体切除手术的同事，她们的观点非常一致：除非迫不得已，否则不要轻易割掉。一个同事还告诉我，她孩子做过切除手术后身体一直不是很好，常常感冒，一感冒就是肺炎，还得住院输液。她还告诉我她看过中央电视台的《走近科学》栏目，有一个小孩因为割掉扁桃体后导致睡眠休克，原因是扁桃体是淋巴组织，分泌杀菌物质，如果割掉就会加重鼻腔内部的负担，导致鼻腔淋巴结增大而打鼾，严重时会出现睡眠休克，乃至危及生命。所以她很后悔给孩子切除了扁桃体。

我又看书、上网查资料，知道了扁桃体可产生淋巴细胞和抗体，具有抗细菌抗病毒的防御功能。当因过度疲劳、受凉等原因而使抵抗力下降时，扁桃体就会遭受细菌感染而发炎。若扁桃体炎反复发作并对全身产生不利影响时，可以考虑将扁桃体用手术摘除。我对照了扁桃体可以被切除的几种情况，例如：慢性扁桃体炎经常反复发作，一年内发炎4至5次甚至更多，每次发炎时，有高烧，咽痛，扁桃体肿大、充血、表面有脓点以及颌下淋巴结肿大等症状的；有扁桃体周围脓肿病史者；扁桃体过度肥大，妨碍吞咽、呼吸，导致营养障碍者或者导致明显打鼾缺氧的儿童；因扁桃体增殖体肥大，影响咽鼓管功能，造成慢性分泌性中耳炎，经保守治疗无效；不明原因的长期低热等。而女儿一年很少次数的扁桃体发炎，除了有时睡觉打呼噜，并无其他需要切除的症状。

我还看到资料说，扁桃体是人体很重要的免疫器官，以前动辄摘除的治疗方案并非最科学的，尤其对幼儿，最好采取保守治疗方式。

我决定平时注意天气等外在因素，尽量避免让孩子感冒，不切除扁桃体。但是，孩子爸爸极力主张把扁桃体割掉，似乎这样可以一劳永逸。甚至还找了亲戚当牙医的同学，试图说服我。我永远忘不了那个画面：我们站在回老家的大路边上，那牙医让孩子张口，只看了一眼就立即说："哎呀，不切不行了！"他这种不负责任的态度和轻率地下结论让我非常反感，也让我更坚定了自己的选择。

我最终没让孩子切除扁桃体，不仅保留了免疫器官，而且让孩子避免了遭受手术之苦。现在，随着年龄的增长和免疫力提高，不但女儿的扁桃体不再轻易发炎，而且她通过积极参加各种体育锻炼，身体素质很好，中考时体育成绩还获得 A 等级。

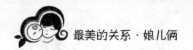

我有言在先，她通情达理

每个有工作的妈妈的产假时间都是有限的，产假结束就要去上班，让老人来帮忙看孩子就成了迫不得已的选择。

我也不例外，不过当时孩子的奶奶已经60多岁了。

2003年春节后，按照学校规定我得去上班了。婆婆在我的建议下提前两周来到家里，不光是为熟悉环境，更重要的是和孩子培养感情。原本让婆婆一个人来就行，但考虑到公公一个人在家做饭不方便，我就提议让他和婆婆一起来，平时互相有个照应。

婆婆来了之后，我首先手把手教会她各种器具的使用，毕竟，这些器具和老家的有很大不同，一旦使用不当可能会发生危险，甚至出现不可挽回的后果；其次，我开始对女儿进行引导和暗示，天天反复地对她说："我是学校的老师，我的假期就要结束了，我要去上班了。可是，妈妈去上班，谁来陪着你玩呢？"女儿看看我，一脸茫然。

我拿起她的小手，指指身边或者远处的婆婆，然后对她说："妈妈去上班，奶奶陪着你玩。"

婆婆也非常配合地停下手里的活，冲着女儿笑笑，说："好，你去上班吧，我和凡凡在家里玩。"

这样的对话，我们不厌其烦地每天进行无数遍。

一个星期以后，对话变得极其简单了。我说："我要去上班了，妈妈去上班，谁来陪你玩呢？"我的话音刚落，女儿就立即用小手指指奶奶，奶奶马上就笑着拍拍手掌。

妈妈是学校的老师要去上班，妈妈上班的时候由奶奶陪着她玩——这件事在女儿心里已经是顺理成章、理所应当的了。

所以，等我真的要上班那天，我出门时和女儿说再见，女儿被奶奶抱着，面容平静，不哭不闹，很自然地和我挥手。

别人家里经常上演的"生离死别"般的妈妈上班前的大战，我们不但没有出现，而且还告别得很顺利。

这件事给了我启发：虽然小孩子不太会表达自己的思想，但妈妈要把她当作一个有思想的人，做到有言在先，让她知道妈妈要做什么，妈妈做事情的时候由谁陪着她，让她拥有安全感。而当妈妈离开家以后，她知道妈妈是做事情去了，而且有熟悉的人在家陪伴着，即便看不见妈妈，也不会恐惧、孤独。虽然妈妈不在身边，但孩子仍然有安全感，她怎么会哭闹呢？不但孩子不哭闹、大人不心烦，而且时间久了，孩子还会养成通情达理的习惯。

我有言在先，她通情达理，还表现在到超市买东西。三十多岁才初为人母，我当然非常疼爱自己的孩子。但是，我知道培养孩子良好习惯的重要性，也清楚溺爱孩子的后果，所以每次带孩子去超市之前，我一般先和她进行一番对话，我说："到了超市，你可以说出自己想要的东西，但到底该不该买，要和妈妈商量，由妈妈决定。因为现在你还小，需要妈妈的帮助。"进了超市之后，我也从来没有对女儿说："你想要什么？妈妈给你买。"而是走到想给她买的东西区域，从同类商品中选出一些我觉得可以买的，然后摆在她面前，说："这里面哪一些是你喜欢的？你自己挑选一下吧。"女儿会很顺从地从里面挑选，我就信守承诺给她买。

在孩子小的时候，家长先根据家庭情况选定物品，缩小选择范围，再把选择的主动权交给孩子，这样既可以培养孩子自主选择的意识，又避免了孩子选出不适合或者价格太贵、家长不能承受的物品而反悔，给孩子留下出尔反尔的印象，被孩子贴上说话不算话的标签。一旦父母出现说话不算话的情况，父母在孩子心中的形象就会大打折扣，甚至失去孩子的信

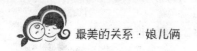

任。而一旦孩子不信任自己的父母，无论家长再对孩子进行什么样的教育和引导，孩子都不会轻易从内心接受。家长一旦在孩子面前失去话语权、没有权威感，想引领孩子成长就是难上加难。所以，家长做到一言九鼎、以身作则，孩子才会言听计从、信守承诺。

正是因为我的事前沟通，女儿从来没有出现过乱要东西、不给买就哭闹甚至满地打滚的情况。好多人羡慕女儿的懂事，我想她的通情达理与我的有言在先不无关系。

我的有言在先还表现在女儿上幼儿园。当时她已经两岁多了，又是春暖花开的季节，我决定送她上幼儿园。

幼儿园和我学校同属一个单位，规模大、设施全，各种软硬条件都不错。关键是，幼儿园和我的学校一墙之隔，我上下班接送孩子也很方便。

我先带着女儿来到学校，让她透过栅栏看幼儿园里的小朋友唱歌跳舞表演。然后，趁幼儿园放学的时候，我带着她走进幼儿园，近距离接触各种玩具设施。同时，我一遍一遍地对她说："这个幼儿园真好！这个幼儿园里的小朋友都很快乐，你也来这里上幼儿园好不好？"

就这样五次三番之后，到了真正送女儿上幼儿园的那天，她不哭不闹，非常自然地听老师安排和小朋友们一起玩。有点不放心的倒是我，不过，我有一个非常便利的条件：站在教学楼上就能看见她在院子里玩耍的情况。

从上幼儿园那一天开始，每天早晨，女儿都是听从我的呼喊早早起床，然后穿衣、梳头、刷牙、洗脸，乖乖地跟着我到幼儿园，从来没有因为睡懒觉而无理取闹。后来我们搬了家，离学校大约有40分钟的车程，因为我刚刚学会开车，路远，技术不熟练，所以必须更早起床，否则一旦堵车我就迟到了。学校的工作都是一个萝卜一个坑，如果第一节有课，老师迟到就成事故了。所以，早起床早出发是唯一的办法，而女儿都是和我一起手忙脚乱赶时间，我做饭时她自己穿衣服，收拾好后乖乖地跟着我上班，从来没有不想早起而哭闹过。当然，这也得益于她养成了晚上早睡觉的好习惯。

我有言在先，她通情达理，还表现在上学这件事情上。上幼儿园以后，女儿就会写自己的名字了，也养成了自己收拾书包的习惯。所以，正式上学之前，我就跟她约法三章：自己收拾书包，自己记好作业，自己检查作业对错，我只负责按照老师要求签字和听写。我想让她养成不依赖的习惯，学会对自己负责。我是这样说的，也是这样做的，而且，从女儿上学开始，我一直坚持着这个原则。所以，她会按照课程表自己收拾书包，她几乎没有过忘记作业的情况，因为她有一个专门记作业的小本子，什么作业什么要求自己都清清楚楚地记着，倒是别的同学经常打电话来向她求助。写完作业后，她自己会检查一下。她说过，一旦出错会挨老师批评的，她不想挨批评又不能依赖我，所以就养成了自己检查作业的习惯。但是，只要她向我求助，我都会积极地帮助她，比如打印课程表、查阅打印资料等，偶尔她忘记了带资料，接到老师的电话后我也会尽力及时给她送去而不会批评她，只强调提前准备的好处和忘记带资料造成的麻烦。

　　因为我有言在先，所以女儿从无怨言。在别人眼里她非常懂事、通情达理，而她觉得自己只是做了应该做的事。

　　类似的事情还有很多，不再一一赘述。总而言之，我觉得很多孩子不是不通情达理，是因为在这之前，做家长的没有及时跟孩子沟通好，既没有让孩子准确地知道他（她）要做什么、应该怎么做，也没有让他（她）明确自己要承担什么责任和后果。

　　家长事事做到有言在先，孩子会时时变得通情达理。在孩子 6 岁前引导她克制任性，学会控制，学会忍耐，可以防止自私自利。培养孩子是细水长流的事，需要从孩子小的时候就开始引导，万万不可一时兴起、随心所欲。家长做事三天打鱼两天晒网，却要求孩子专心致志坚持做事，这仿佛是缘木求鱼。

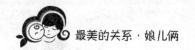

桌子没错 —— 错的是婆婆

那个周六的上午，我去街边的小公园散步。公园不大，但到处都是大人和孩子。小孩子或者咿呀学语，或者练习走路，稍大一点的孩子蹲在沙坑里搞"建筑"，大人们则三五成群或坐或蹲地聚集在一起说话，或者独坐一边聚精会神地玩着手机。总之，一片熙熙攘攘的景象。

迎面是一个年轻的爸爸和一个满脸兴奋、摇摇晃晃奔跑的小男孩，男孩只顾努力奔跑，和正在背对着他打扫卫生的保洁员碰到了一起。男孩轻轻倒在地上，哭了起来。

爸爸快速跑过来，扶起男孩，说："跑的时候要看好路！"

男孩用胖乎乎的小手指着满脸尴尬的保洁员，继续哭。

年轻的爸爸把男孩的小手拿回来，说："阿姨在专心打扫卫生，背对着你又看不见你，是你自己不小心碰到了阿姨，是你的错，不是阿姨的错！"

有点尴尬的保洁员很感激地笑笑，没说什么就继续干活了。

男孩又哭了两声，见没人搭理便继续热情地奔跑起来。

看着这曾经很熟悉的一幕，我有些感慨。我想小男孩用手指着保洁员是事出有因的，可能曾经有大人引导过他这样做。我非常赞同年轻爸爸的做法。我想，已经有越来越多的年轻父母都会有这位爸爸的思想了。

我想起了女儿小时候类似的事。

在让公公婆婆来看孩子之前，我已经做好了充足的心理准备。婆婆不识字，公公喜欢看热闹到处走动。并不熟悉的两代人，观念不一致在所难免。几个人突然生活在一起，就像一个锅里摸勺子，难免磕磕碰碰。但只要老人是真心实意对孩子好，无论做出什么不合我心意的事情，我觉得自己都能够包容。

但是，有些问题真的不是仅靠包容就能解决的。

一天，女儿在客厅跑来跑去玩，一下子磕在沙发的扶手上了，开始大哭。

婆婆赶忙跑过去，立即抱起她，然后用手拍打着沙发，说："你这个坏蛋，谁让你磕着凡凡，我打你！我打你！"

女儿很快就不哭了，然后继续玩。

正在旁边收拾东西的我目睹了这一幕，大吃一惊。这不仅仅是孩子不小心磕着的问题，这关系到思考和处理问题的方式。

我走过去，牵着女儿来到沙发前，用手拍拍沙发扶手，问："你看，它会不会动？"

女儿用小手摸摸沙发扶手，说："不会。"

"它不会动，怎么能碰到你呢？是不是你去碰的它？"我问。

女儿看看沙发，说："是！"

"那么，碰到沙发扶手，是你的事儿还是它的事儿？"

"我的事儿。"

"能不能怪罪沙发？"

"不能。"

"碰疼了，怪谁呢？"

"我。"

"那怎么办呢？"

女儿瞪大眼睛，看看我，又看看沙发扶手，不知道如何回答。

我说："以后你在玩的时候，四处看，轻轻跑，慢慢走，别再碰到桌子、水壶什么的就可以了，这就是注意安全！"

从此，女儿玩的时候，会一边玩一边嘟囔着："注意安全！"

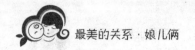

婆婆觉得自己打沙发是哄孩子、闹着玩的，等孩子长大就明白了。但我知道，推卸责任的思维习惯一旦形成，长大后要彻底改变就难上加难，所以只要我发现这种情况一定要立即纠正，原则问题坚决不能含糊。

其实，在这种事情上，像婆婆这样的做法是非常普遍的，大多数看孩子的奶奶、姥姥等，也都是这样的观点：哄孩子玩，不当真。但是，这样做的危害是：孩子认不清自己的责任，一旦习以为常，遇到问题时不是从自身找原因，而是习惯把责任推到别人身上。时间久了，就慢慢成长为以自我为中心的"常有理"的自私的人。现在有很多孩子没有责任意识，习惯歪曲事实、强词夺理，甚至无中生有、信口开河、撒谎欺骗，与小时候经历的这种错误引导不无关系。

两代人因为观点理念的不一致，还会发生其他方面的冲突，比如吃零食。

当时我家大院门前是一条繁华的街道，各种门店里的商品琳琅满目，孩子一到街上就眼花缭乱、兴奋不已。

因为我小时候喝凉水吃冷饭造成肠胃不好，所以我希望尽己所能保护好孩子的肠胃，不让她乱吃零食。我一般不带女儿逛街，即便是要买东西也往往去正规的大型超市。

但是，公公婆婆不是这样，他们喜欢带着孩子到大街上看热闹。看见别人家的孩子吃东西，女儿馋，婆婆就给她买。我发现了这个问题后就赶紧制止。

婆婆很不以为然地说："孩子想吃就给她买，别不舍得花那个钱。"

我说："这真不是钱的问题。孩子正在成长阶段，抛开营养不说，街上的东西一般掺杂着各种调料，滋味重，孩子一旦吃上瘾，可能就不再正儿八经地吃饭了，营养缺失会影响健康，一旦伤了肠胃，长大后也难以修复。"

好在婆婆通情达理，不再随便买零食给孩子吃。而且她很会做饭，蒸的鸡蛋羹、包的水饺等，女儿都吃得津津有味，也养成了不挑食的习惯。即便是后来上了学，早饭时间很紧张，也是我做什么她就吃什么，从不挑三拣四。在吃饭的问题上，我省了很多事儿。

　　但是，有一件事我没能阻挡成功，那就是吃糖。我从小牙疼，知道牙疼的滋味不好受，也知道自己的牙齿欠佳，就特别希望孩子别再遭受牙疼之苦，所以，我不让女儿吃各种糖果。

　　但是，后来我无奈地发现，女儿还是出现了蛀牙，几乎每一颗牙都有黑点出现。我以为她的牙质是遗传了我。万万没想到，邻居大妈告诉我：我不让孩子吃糖果，孩子的爷爷奶奶认为是小题大做。他们经常带孩子去东苑公园玩，而那里经常有拍结婚照的，见到小孩子会分喜糖，孩子的奶奶就会让孩子把喜糖全部吃掉，然后再回家。

　　女儿满口蛀牙不仅不好看，而且不可避免地遭受了持续牙疼、不得不修补蛀牙的痛苦，这也是没有办法的事儿。

　　婆媳两代人之间，尤其是存在观念和文化差异的，出现问题是很正常的。有些事情可以包容、一笑了之，但有的问题则需要正面解决。多年的教师和心理咨询师工作让我发现：孩子出现问题的根本原因往往在其父母身上，孩子出现的心理或者行为问题，往往和父母的行为和教育方式有关。一旦孩子的思维方式和行为习惯养成，很可能就会影响到孩子的一生。当有些家长发现孩子上初中后很难教育，其实问题在初中前就已经萌芽了。所以，作为家长，务必要多学习多观察多思考，时时处处擦亮眼睛，不但要注意自己对孩子的示范、引领和培养，也要注意和孩子身边其他人沟通，尽量达成共识，给孩子创造一个物质和精神都良好的成长环境，这样才能更有利于孩子的身心健康成长。

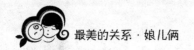

断奶 —— 关键是避免伤害

女儿一岁九个月的时候，正值阳春三月，我决定给她断奶。促使我下定决心的，是我看到的老虎妈妈的故事。

偶然在电视上看到这样一个纪录片：一个老虎妈妈的两个儿子两岁半了，已经到了独立生活的年龄，但是，两个孩子一直不愿意离开妈妈。

一天，虎妈妈独自离开家园，走得很远很远。然后，它发出了对两个孩子的呼唤。呼唤一声接着一声，两个正在玩耍的孩子，先后循着叫声来到了妈妈面前。

谁也没有想到，接下来会发生这样的一幕：虎妈妈缓缓躺下，露出自己的胸部，两个膀大腰圆的孩子仿佛回到了吃奶的从前，快乐地偎依在妈妈的怀里吮吸奶汁。

可是，哪里还有奶汁呢？吮吸了一阵子之后，两个孩子只好无奈地放弃。

这时候，虎妈妈站起来往前走了几步，然后回过身来对着两个孩子发出了另一种声音。

两只已经身强体壮的小老虎站定，看着妈妈，然后慢慢地向远方走去。虎妈妈看着孩子远去的背影，没有表情。

看到这里，我再也难以控制自己的情感，任凭眼泪稀里哗啦地流下来。我仿佛听见一个母亲温柔地对孩子说："你看，我已经没有奶水了，真的不能喂你们了，你们已经长大了，是时候离开妈妈了。走吧，走吧，前方会有新的天地，会有你的爱人，会有你的新家……"

这是怎样的震撼人心的母子告别方式！动物竟然有这样温情的告别方式，那我们人呢？

我觉得是时候给女儿断奶了。可是，采取什么方式断奶呢？在这之前，怎样给她断奶一直是我频频请教于人的问题。我希望既能给孩子彻底断奶，又能最大限度地减少因为断奶而给她带来的伤害。

但是，我打听来的结果无非是以下几种：要么是趁孩子还小的时候就给他（她）喝奶粉，让他（她）对妈妈的奶没有依赖，及早断奶；要么让孩子住在同城的奶奶或者姥姥家里，妈妈躲开；要么是把孩子送回农村老家，让老人带着，让孩子彻底断了吃奶的念想。

我觉得这些方法都不可取。我曾经看到许多一岁左右的小孩子：满脸泪痕，两眼茫然，嘴里不停地念叨着"妈妈妈妈"，我觉得真的好可怜！尽管孩子不会说什么，但我觉得他（她）一定很想知道为什么自己不能吃妈妈的奶了，为什么自己的妈妈忽然就不见了，为什么来到一个陌生的环境……这一系列的"为什么"，一定会让孩子失去安全感。

到底应该怎样给女儿断奶才好呢？苦苦思索中，我想起了产假结束前与女儿"有言在先"的那件事情（见前文）。实际上是可以和孩子讲道理的，我想。只要给她心理暗示，让她知道自己只是做了应该做的事。我决定用自己的方式给女儿断奶。女儿出生后的每一个夜晚都是由我陪着，这会为断奶造成很大的困难，但是，我决定试一试。

那天中午回家，女儿像往常一样依偎在我怀里吃奶的时候，我问："娜娜不吃她妈妈的奶了，是不是啊？"女儿点点头，继续吃奶。

我又问："丽丽不吃她妈妈的奶了，是不是啊？"女儿又点点头，继续吃奶。

娜娜和丽丽都是住在同一个小区里的孩子，她们经常在院子里和女儿一块儿玩。

"从下一星期开始，你也不吃妈妈的奶了吧？"我说。女儿愉快地点点头。

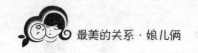

"不吃妈妈的奶了，你吃什么奶呢？"我故意问。女儿摇摇头，眼里充满疑问。

"那就喝牛妈妈的奶好吗？"我说。

"好！"女儿高兴地说。

以后的几天里，只要我抱着女儿的时候，这样的对话反复进行。

一周以后，早上，等女儿吃饱了，我偷偷地把涂了大红颜色的透明胶带纸贴在胸膛上，然后叫女儿过来看了看。我说："你看，妈妈的奶好脏啊，以后你就喝牛妈妈的奶吧。"女儿点点头，跑到另一个房间玩玩具去了。同时，我用早已从中药房买来的麦芽煮水喝，以利于回奶。

白天，一天无事。晚上，女儿夜里小便完以后，习惯性地要吃我的奶，我不让，她哭了。这也怪我，以前不给她养成这个习惯就好了。

我打开灯，又让她看了看我的胸膛。

"妈妈的奶脏，喝牛妈妈的奶好吗？"我说。女儿眼里含着泪，点点头。尽管不情愿，但一副别无选择的样子，喝了几口牛奶。然后，继续哭。

我抱着她，她紧紧地偎依在我的怀里，生怕我不要她了似的。

都说小孩子不懂事，可是我却发现：女儿真的是在克制自己！

"妈妈最爱你了，妈妈最爱你了。"我一遍一遍地说。

哭了一会儿，她可能累了，然后慢慢地睡着了，一直到天亮。

第二天，白天无事。晚上，又出现了相同的一幕，只是女儿哭的时间明显短了。第三天，我总结了前两晚的经验，提前给女儿喝足水，睡觉前两小时就不再给她喝了。这样，她睡觉以后，直到天亮也没有起来小便，也没有再哭。

就这样，女儿在我的身边彻底断了奶。

那段时间，每当看到女儿笑靥如花的样子，我真的感到很自豪！我没有因为断奶而让她受到伤害，而且，我还潜移默化中让她知道：她只是做了自己应该做的事。

我曾经看到心理学家李玫瑾教授的报告中有这样的内容：孩子一岁以

前，甚至三岁之前，最好由母亲亲自抚养。人在生命的早期是很无助的，他所有的满足和快乐都和抚养人息息相关。李教授在论述这个观点的时候，说到了末代皇帝溥仪的故事，溥仪从小喜欢恶作剧，也不听老师劝，谁都管不了，唯独听他的乳母王焦氏的话。这个故事说明只有心理上依恋的人，才对他有影响力。

随着科学的发展和人们的研究发现，只要有条件，让孩子吃妈妈的奶到两岁最合适。当然，吃奶期间也要及时添加与年龄相适应的辅食，只要孩子能正常地吃辅食，就可以让他（她）继续吃妈妈的奶，让他（她）继续享受被妈妈抱在怀里的强大的安全感和愉悦感。

当然，孩子吃妈妈奶的时间越长，断奶就越有难度。所以，选择什么样的断奶方式且不给孩子造成伤害，就成为每一个妈妈需要认真思考的问题。我很庆幸自己和女儿拥有这样一段把伤害降到最低的断奶历程。而且，有些同事朋友了解到我的做法后也深受启发，有的原样模仿，都收到了很好的效果。

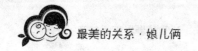

儿歌和童谣必不可少

幼儿期是语言学习最为关键的时期，也是性格习惯养成的重要时期。好的儿歌语句精练、富有情趣、易懂易记，不但能为孩子提供各种各样的语言范例，有效地促进孩子的语言能力发展，而且还能够寓教于乐。

女儿出生两个月以后，我有意识地每天安排一定时间让她看着图画书，同时我表情丰富地念儿歌给她听，无论她听懂与否，哪怕是咯咯一笑，我都感到自己的自言自语、口干舌燥很是值得。女儿刚满一岁的时候，我正放暑假，每当吃完饭，她就会拿出一本书学着我的样子翻来翻去，嘴里念念有词，咿咿呀呀地不知道说些什么。等女儿会说话了，我就对她说："以后，咱俩一起念儿歌吧！"于是，一会儿她指着图画，我有表情地念儿歌；一会儿我指着图画，女儿抑扬顿挫地读着——其实，她根本就不认识字，只是凭借记忆读罢了。但是女儿对这些内容浅显、读起来朗朗上口的儿歌似乎很感兴趣，好像也能从中感受到无穷的乐趣。

在女儿的成长过程中，童谣和儿歌几乎贯穿了她的早年学习生活。许多儿歌都是以某方面的知识做题材，既可以形象有趣地帮助孩子认识自然界、社会生活，还可以帮助孩子开拓思维和想象能力。我会根据当时的实际情况选择适合她的儿歌，既丰富了她的生活，也让儿歌引导她认识世界、认识自己。当然，我自认为非常宝贵的思想也通过儿歌渗透给她，让她在潜移默化中得到引领。

比如，我想让女儿养成天天洗手讲卫生的习惯，于是就教她背诵儿歌

《小妞抱花狗》：小妞要抱小花狗／花狗摇摇头／嫌她不洗手／小妞洗了手／花狗点点头／乐得跟她走。小孩子都喜欢小动物，连小狗都不喜欢不讲卫生的小朋友，可见讲卫生多么重要。

我希望女儿睡觉的时候不用被子盖住自己的脸，所以就教她背诵儿歌《小狗熊》：有个小东东／睡觉像狗熊／缩头又缩脚／不露小鼻孔。

我想让女儿不乱扔垃圾，就教她背诵《香蕉皮》：弟弟是个小调皮／简直是个水果迷／他又最爱吃香蕉／一边吃一边乱扔香蕉皮／姐姐说他他不听／妈妈说他他不理／滑倒别人他还笑／一回头／自己也滑了个嘴啃泥。

等女儿开始注意到刮风下雨等自然现象的时候，我就通过猜谜语的形式让她了解一些自然常识：

水见皱眉头／树见摇摇头／花见点点头／云见就溜走。（谜底：风）

藏在乌云里／谁也看不到／要是生了气／轰轰隆隆叫。（谜底：雷）

又像轻纱又像烟／飘飘荡荡在身边／谁也别想抓住它／太阳一出就不见。（谜底：雾）

春天，我带着女儿在院子里玩，发现她对路两旁的垂柳很感兴趣，于是就教她背诵《小柳树》：小柳树／绿油油／站在路边手拉手／雨来洗洗脸／风来梳梳头／太阳出来打起伞／真是我的好朋友。这首儿歌既可以帮助孩子形象地了解柳树，还可以引导孩子亲近大自然。

我带女儿观察小蜗牛，观察蜘蛛织网，然后教她背诵：小蜗牛，爬粉墙／小蜘蛛，牵丝网／跌下来，又爬上／丝断了，又结上／只怕自己不努力／哪怕粉墙高十丈／哪怕风大丝飘荡／一步一步耐心爬／一缕一缕耐心牵／到底爬到墙头上／到底牵成一个网。通过小蜗牛和小蜘蛛来表达耐心、意志和坚持的重要性。

很多儿歌语言浅显、通俗易懂、有节奏感，便于孩子背诵。尤其是描写小动物的儿歌，能形象地告诉孩子小动物的外貌特征和生活习性，便于孩子区分小动物的不同。我让女儿背诵了很多关于小动物的儿歌，基本上看到什么小动物，我就立即找到有关小动物的儿歌读给她听。如果找不到，或者发现儿歌不合适，我就进行改编或者自己直接编写。例如，看到

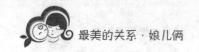

小兔子，我就教她背诵金波的《小白兔》：小白兔/三瓣嘴/蹦蹦跳跳四条腿。看到小鸭子，我就教她读：小鸭子，嘎嘎叫/走一步，摇一摇/一走走到小河边/高高兴兴洗个澡。类似的还有：小小象，真可爱/长长的鼻子多气派/来到水边吸个饱/哗啦哗啦洗个澡。小骆驼，志向大/风吹日晒都不怕/走沙漠，运盐巴/再苦再累不讲话。螳螂哥，螳螂哥/肚儿大，吃得多/两把大刀舞起来/一只害虫不放过。大蜻蜓，绿眼睛/一对眼睛，亮晶晶/飞一飞，停一停/飞来飞去捉蚊蝇。

带女儿回农村老家的时候，针对她发现的新生事物，我立即找到相应的儿歌。比如：大白菜，地里栽/白帮绿叶惹人爱/层层叶子包得紧/白菜豆腐家常菜。大柿子，红又红/树上开花树上生/单等秋来树叶落/个个像个小灯笼。

等女儿四五岁的时候，我开始有意识地引导她读一些长一点的诗歌。例如我自己写的《四季的歌》：

会飞的女孩

她飞到田野
小草就从梦中惊醒
她飞到树林里
树叶就睁开了眼睛

她飞到小河边
河里的冰就开始融化
她飞到小花园
花园里就出现各种花骨朵

她飞到屋檐下
小燕子就开始垒窝

她飞到院子里
鸡妈妈就开始孵蛋了

她飞到学校
学生们就过植树节
她飞到幼儿园
小朋友们就来到室外跳舞唱歌

春天
是一个会飞的女孩
她飞到哪里
那里就生机勃勃

当他来了

柳树无精打采
小鸟躲了起来
荷花钻出水面
招呼蜻蜓聊天

云彩经常摔跤
雷电来凑热闹
知了天天喊叫
丝毫不知疲倦

小狗趴在树荫下
快速地吐着舌头

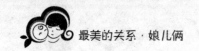

老奶奶摇着蒲扇
默默地坐在门前

城里的孩子们呢
穿上泳衣跳进水池
就像一只只青蛙
拨弄着水花撒欢

裙角飞扬的女士
撑起了太阳伞
路口的交通警察
汗水湿透了衣衫

夏天
是一个调皮的男孩
他的出现
总会让人惊喜不断

如果没有她

如果没有她
小草不能发芽
桃树不能开花
枣树不能长出红枣
山楂树不能长出山楂

如果没有她

荷花生不出藕

蝌蚪长不成青蛙

麦苗长不出麦穗儿

地里长不出花生和地瓜

如果没有她

向日葵会失去方向

百灵鸟就没有了家

彩虹再不能变成桥

人们也可就消失了

对啦　对啦

她

就是太阳妈妈

如果喜欢冬阳的温暖

也请拥抱夏阳的热辣

秋天就像奶奶

秋天的农家小院

到处都是秘密

爷爷摘下红红的柿子

把它和苹果放在了一起

奶奶摘下大大的鸭梨

洗了洗就放进微波炉里

秋天的农家饭桌

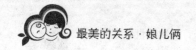

总是让人目不暇接
黄黄的玉米
红红的地瓜
那盘灰溜溜的是什么
当然是白花花的花生变身啦

奶奶说
柿子挨着苹果
很快就可以吃了
鸭梨炖上冰糖
吃了不上火

懂了
懂了
秋天就像奶奶
总会制造出很多很多好吃的

雪花哪去了

太阳躲了起来
寒风静静等待
天空灰蒙蒙的
好像在生气呢

雪花一片一片
飘飘悠悠
东跑西窜

似乎很不情愿

房顶戴上白帽了吗
树枝披上白衣了吗
我们可以打雪仗了吗
咱们下楼堆雪人去吧

不 不 不
你看　你看
屋顶　树枝　地面
除了湿漉漉的
模样一点儿没变

迄今为止女儿一直喜欢读书、写作，我想这不能不归功于她小时候读过的那些童谣和儿歌。一位儿童文学作家曾经说过："儿歌是知识的百宝袋，蕴藏着人类语言的珍珠……"所以，在孩子成长的关键阶段，让孩子多听、多读、多背儿歌，不但有利于孩子学习语言，还可以提高他们对认识事物的兴趣，甚至从儿歌中受到各方面的启发和教育。

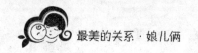

不要乱开抽屉 —— 学会尊重自己

记忆中，我严厉批评女儿的次数极少，但有一次却印象深刻。那时候她已经上幼儿园了。那天从幼儿园接她来到办公室后，我就开始忙活教案等工作。可是，一抬头，发现女儿竟然拉开了同事办公桌的抽屉。

"你干什么！把抽屉关上！"我气不打一处来，立即大声呵斥。

女儿显然吓了一跳，乖乖地把抽屉关好。

同事站起来，抱起女儿，对我说："你至于发这么大的火吗？"

"至于啊！我最反感乱看别人抽屉的行为了！"我斩钉截铁地说。

我的反应如此激烈是有原因的。在经历了不分白天黑夜抚养照顾女儿的辛苦之后，我越发懂得了母亲的不易，思念母亲的情感也日趋浓烈，我深深地体味到了永远不能再相见的痛苦。所以，每当思念母亲而深夜难眠的时候我就写日记，有时候怕开着灯影响了女儿睡眠，我就用手电照着写。

我的床头柜有两个抽屉，最上面的那个抽屉里放着日记本和圆珠笔。每次写完之后，我就随手把本子放在抽屉里。我思念母亲的情绪因为日记而得以宣泄，所以写日记的习惯持续了很长一段时间。直到有一天下班回家后发现，女儿已拉开床头柜的抽屉拿出了我的日记本，一边翻看一边问我写的是什么。我立即从女儿手里拿过日记本重新放回抽屉，说："本子里写的都是我的心里话，是我的小秘密，不经过我的允许，别人是不能随便翻看的。"

"可是，爷爷看了很多次了。"女儿说。

我愣了！我对孩子爷爷的做法感到异常反感，还有愤怒。也就是说，我每次写的日记，孩子爷爷竟然偷偷地成了第一个读者。

我有一种被偷窥的感觉！我想到了床头柜的第二个抽屉里就是我的内衣，我为自己的隐私被侵犯而感到异常愤怒，但这种愤怒是无法说出口的。我相信孩子的爷爷奶奶只是出于好奇看我深更半夜不睡觉的时候写了些什么。而且，他们都是年逾70岁的老人，我很感激他们来帮我看孩子，我丝毫不想和他们有任何冲突。所以，我只能改变自己的做法，从那以后再也不在深夜里写日记了。

后来，我发现女儿对抽屉特别好奇，拉开抽屉看里面有什么也似乎是一种自然而然的行为。这让我很恼火，我觉得正是因为孩子爷爷随便查看抽屉的行为无形中给了女儿一个信息：抽屉里可能有好看的东西，抽屉是可以随便拉开查看的。因此，当我发现女儿拉开同事办公桌抽屉的时候，愤怒的情绪立即爆燃，大发雷霆在所难免。

回到家以后，我把女儿叫到卧室里，然后拉开床头柜的抽屉，一一指给她看。我告诉女儿：这个抽屉里面有我的内衣，那个抽屉里有我的银行卡，这个抽屉里是你的出生证明、脱落的脐带、剃掉的头发等，抽屉里的东西要么是秘密要么非常宝贵，别人是不能随便乱看的。而一旦被别人看到或者拿走，我们的生活可能就会有麻烦。所以，不经过别人的允许是不能随便拉开别人的抽屉的，随便查看别人抽屉的行为不但会惹人讨厌，而且一旦别人丢了贵重的东西你可能就有口难辩……女儿看我严肃地说了这些，虽然不完全明白这些话的意思，但她知道不经过允许查看别人抽屉的行为是不对的，后果可能会很严重。

以后，只要看到抽屉，我就对女儿旧事重提，把我的思想再次灌输给她。我就是想让她知道：既要尊重别人的隐私，更要保护好自己的隐私，生活中要讲规矩。

这件事也给了我启发：对于小孩子来说，有些行为是潜移默化中形成的，孩子身边人的言传身教至关重要。生活中也不难发现，有些孩子有礼

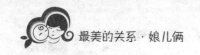

貌、懂规则、知进退、有教养，而有的孩子则凡事以自我为中心，自己想怎样就怎样而丝毫不顾及他人的感受。

记得有一次，大人孩子共十几人一起吃饭，鲍鱼上来之后，一个孩子立即站起来用力转动桌子，把鲍鱼转到自己面前后，他左右开弓给自己拿了三个，给坐在身边的妈妈拿了两个，然后就坐下大吃起来。

一桌子人都吃惊地看着，然后面面相觑，似乎都在等待孩子的妈妈立即进行引导和教育。可是，孩子的妈妈说的却是："我家孩子就是知道孝敬妈妈！"

听到孩子妈妈这样说话，一桌子人就不再吭声了。别人能说什么呢？不是孩子不懂事，是妈妈的教育方式有问题，或者说妈妈自身就不懂得尊重他人。从孩子的态度可以发现家长教育中的问题，家长用什么方式教育孩子，孩子就会用什么方式对待他人。有些家长苦恼于得不到孩子的尊重，其实可能是家长也没有尊重孩子。

尊重是最美的表达，这是我第二本书《说给爸爸妈妈的心里话》的第一个章节的题目。之所以把这样一个内容作为一本书的第一个章节，我就是想表明"尊重"两字的重要性。尊重是互相理解的基础，是进行良好沟通的前提，是和谐合作关系的润滑剂；尊重别人，才能赢得别人的尊重；教养是现代文明的标志，做一个有教养的人是培养孩子的目标和方向，教养源于尊重……父母懂得尊重他人，言传身教中，孩子也就在学会尊重别人的同时有尊严地健康成长。

不是不勇敢 —— 切勿乱贴标签

很久以前的某个夏天，我带着女儿在公园里玩。忽然看见一位并不年轻的父亲把一个瘦弱的女孩儿放在一块高高的石头上，然后大声地对孩子说："宝贝儿，从上面跳下来，你就是一个勇敢的孩子。"

那个女孩也就三岁左右，她站在高高的石头上满脸愁容。我猜想她是不敢跳，但又不愿意被爸爸贴上"不勇敢"的标签，所以就满脸惆怅地不知所措。

我为女孩有这样动辄给孩子乱贴标签的父亲感到悲哀。一个三岁的女孩不敢从高高的石头上跳下来，可能是因为胆怯心理，也可能是出于本能的自我保护意识，这都是再正常不过的表现，却被这位父亲冠以"不勇敢"，他对勇敢的理解实在是令人费解。即便是能够从高高的石头上跳下来，又能说明什么呢？以后她就有飞檐走壁的本事了？万一跳下来摔断了胳膊腿，是不是很不值得呢？

无知者无畏，我想。拥有这样一位自以为是的父亲，动辄给孩子的心灵乱贴标签，如果继续这样下去，孩子非自卑不可。我对这样的人真是痛恨万分。

我这样说是有原因的。女儿上幼儿园的时候，曾有一段时间无数次对我说："妈妈陪我坐摩天轮吧。"

我说："妈妈有恐高症，爸爸陪你坐就行了。"

女儿说："爸爸说不敢坐摩天轮的人不勇敢。我想妈妈勇敢。"

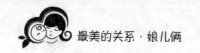

虽然我对孩子爸爸的话很不认同，但是，为了让自己在女儿心里不被贴上"不勇敢"的标签，我决定冒险坐一次摩天轮。

可是，随着摩天轮的高度不断上升，我感到心慌、胸闷、喘不过气，特别难受。等我升到摩天轮的最高位置时，我真的感觉自己快要死了。我趴在座位上紧闭双眼，感觉天旋地转，恨不得立即就落回地面。这样难受至极的感觉一直持续到摩天轮落下。然后，我呕吐得昏天黑地、一地狼藉。

这是我试图撕掉"不勇敢"标签的代价。我现身说法，给女儿讲解了勇敢的真正表现和自己盲目行事的危险。如果我有心脏病，坐在高高的摩天轮上，丧命也是有可能的。从此以后，我对这种随意给人贴标签的言行深恶痛绝，尤其是标签贴在成长中的孩子身上。

我曾经看到一段关于"标签效应"的文字：给一个人贴标签，会对他起到定性导向作用。在第二次世界大战期间，美国在兵力不足而兵源又有限的情况下，决定组织一批监狱里的犯人上前线作战。由于囚犯纪律散漫，政府特派了几个心理学专家对犯人进行战前心理疏导和动员，并随他们一起到前线。心理学家要求囚犯们每周给自己最亲的人写一封信，而信的主题则由心理学家统一拟定，大体无非是告诉他们的亲人自己在前线如何听从指挥、勇敢无畏并建立了赫赫战功。这样坚持了半年后，囚犯们也竟变得如同正规军一般服从指挥、英勇战斗。

当一个人被贴上一种标签时，无形中会做出自我印象管理，使自己的行为与所贴标签的内容相一致。这种现象是由于贴上标签后引起的，故名"标签效应"。心理学认为，之所以会出现这种效应，是因为标签具有定性导向作用。无论标签的内容是好是坏，都对一个人的"个性意识的自我认同"有强烈的影响。所以给一个人贴标签的结果，往往是使其向标签所预示的方向发展。

毋庸置疑，目前，的确有不少家长和老师随意就给孩子贴上各种各样的标签，有的标签，可能会让孩子产生无穷的积极向上的力量，使他在不断发现自己、成就自我的过程中健康成长；而有的则充满了负能量，什么

"笨、傻、智商低下、情商为零"等，足以把孩子打入万丈深渊，使他看不到任何希望。不谙世事的孩子极易受大人尤其是自己信赖的人的影响。大人一个随口而出的标签，对毫无判断力的孩子来说，有时候就是一个重要的转折点。一个负能量的标签可能会毁掉一个孩子的整个童年或者少年，甚至一生。事实证明，有些孩子即使长大了，也一直背负着这些标签，撕也撕不下，从而继续生活在这个标签带来的阴影里不能自拔。

可以想象，要彻底撕掉这样满是负能量的标签，这些受到先入为主错误导向的孩子会付出多么惨重的代价！

在孩子成长的关键阶段，既不要随意给孩子戴什么光环，更不能随口给孩子乱贴负面标签。作为父母或者老师更应该注意这一点。这也是我写《标签——一个"问题少年"的逆袭》这本书的起因。

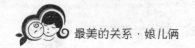

两次历险 —— 惊心动魄后的感言

那年夏天，气象部门发出警告：室外气温可达38摄氏度，市民要做好防暑降温的准备。然而，孩子的爸爸却要开车带着女儿去莱州湾洗海水澡。

我不同意。并非因为我正处于生理期不能下水游泳，也不是因为我曾经有过在青岛金沙滩暴晒后掉了一层皮的难受经历，最主要的是我不想让女儿在这样的高温下在沙滩上遭受暴晒，毕竟女儿才刚刚三岁，皮肤还很娇嫩。

但是，孩子的爸爸一定要去。这是他的个性，凡是他已经做的决定基本上难以改变。没办法，我眼睁睁看着女儿跟爸爸离开了家。我忐忑不安地过了一天，预计女儿回家的时间已经过了点，但他们依然没有出现。我忍不住打电话询问，被告知他们正在和朋友一起吃饭。只要孩子安全，我就放心了，于是就耐心等待女儿归来。等女儿和她爸爸回家后我仔细看了看，女儿除了浑身晒得变了颜色、精神略显疲惫，其他并无大碍。在外颠簸暴晒了一天的女儿很快就入睡了，我也就不再说什么。

万万没想到，后来在一次聚会上我听到了孩子的爸爸这样的话：那天开车带着孩子去莱州湾洗澡，孩子玩得很开心。在回家的高速路上，他一时内急就把孩子独自留在车里，自己下车去方便了。但是，等他方便完回去才发现，自己把车钥匙落在车里，车门打不开了。当时，室外温度将近40摄氏度，孩子自己在车里，他很着急，只好给单位的司机小赵打电话，让他开车去高速公路送备用车钥匙。等了将近一个小时后，小赵到达开了车门，然后他和女儿才得以顺利回家。

听罢我简直惊出一身冷汗！想想多么可怕！高温之下，女儿独自在车里是多么危险啊！幸亏小赵是一位很有经验的老司机且那天正好有空又熟悉那条高速公路，否则真的不知道会发生什么！这件事让我后悔万分。如果我一直陪着女儿，即便是汽车抛锚她也不会缺失安全感。从那以后，我决定无论出现什么情况，我都要克服一切困难陪在女儿身边。

可是，尽管出现过这样的危险事件，我却仍然因为疏忽大意让女儿又经历了一次危险。这一次危险，是我眼睁睁看着发生的。

女儿五岁的那年夏天，正值暑假，我带她到物业所在的小区去充电卡。那是某单位的家属区，建设得非常漂亮：小桥流水潺潺，荷花竞相绽放，河边还有沙坑和秋千供孩子们玩。

充完电卡以后，女儿看见沙坑里有两个女孩在玩，就跑了过去，并很快和她们一起玩了起来，我也很放心地和怀抱婴儿的大妈聊天。

过了一会儿，女儿过来对我说："妈妈，那两个姐姐想和我到那里玩，我可以去吗？"女儿已经养成了习惯，凡事都要和我汇报一下。

"到哪里去玩？"我问。

这时那两个女孩也跟了过来，其中一个指指宿舍楼的方向，说："就是那里。"

我以为那座楼上有这两个女孩的家，就立即答应了，并看着女儿随她俩走进了那座宿舍楼的大门。

我继续和大妈聊天。过了一段时间之后，感觉很久了却不见女儿和那两个女孩出来，我开始着急，马上告别大妈跑进那座宿舍楼，在楼道里呼喊女儿的名字，甚至一层层敲门询问。但是，直到爬上顶层，我也没有听到女儿的声音。

我惊恐不已，迅速跑下大楼奔向小区物业传达室求助，传达室的师傅了解情况后立即打开一个本子查找并拨打了两个电话，然后，他说："这座楼的住户有那么大女孩的就两家，但是孩子都到外地去了。"

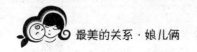

我一听就傻眼了，那么，带着女儿的那两个女孩来自哪里呢？

我的脑海忽然就出现各种画面：女儿喝了一杯饮料不省人事，被人贩子抱上车拐走了；女儿被关进了小黑屋，被两个小姑娘殴打，甚至被人割掉了器官……

我不敢再想下去了！我先是跑到小区大门口，央求门卫师傅仔细观察每一辆外出的车里是否有一个小女孩。然后我又跑到那座楼下，仰起头，声嘶力竭地大声呼喊着："凡凡！凡凡！凡凡……"

可是，我只看见有人推开窗子往下张望，却没有听见女儿的应答。我发疯似的不停地呼喊，感觉喉咙都喊破了，直到站不住瘫坐在地上——如果女儿出现不测我也不想活了。

就在我已经有气无力再也喊不出声的时候，忽然听见背后有女孩说话的声音。我回头一看，女儿和那两个女孩正从对面走来。

我不顾一切地跑过去，立即把女儿紧紧地搂在怀里，眼泪瞬间就流了下来，真的是百感交集！

"你们不是住在这个小区的吗？刚才你们到哪里去了？"我强忍着怒火问那两个女孩儿。

"我们从这座楼的电梯下去，到停车场，然后又从停车场到了那座楼上玩了一会儿。"其中一个女孩儿指了指对面的楼说。

"你们住在这个院里吗？"我又问。

"不住在这里，我们是来玩的。"女孩说。

我终于知道，这两个女孩的家在该小区附近，所以经常过来玩。

回到家，我问女儿那两个女孩领着她到地下车库去干什么了。

女儿说："有个姐姐让我叫她妈妈，我没叫。"然后没再说什么。

看女儿并没有异样，我也没有再问什么。我相信那两个小学女生不会做什么严重的事情伤害女儿的心灵。

但是，在女儿"失踪"的那段时间里，我真的感觉自己生不如死！我后悔自己想当然在这个院子里玩的孩子一定住在这里，我后悔自己粗心大意没有跟在孩子身后、让孩子一直在自己可控的范围内……可是，后悔晚矣！

　　女儿的两次历险让我深深地明白：做家长的一定不能对孩子的安全掉以轻心！像孩子的爸爸在高速公路上出现的窘况，像我眼睁睁看着孩子"失踪"……大部分家长很注重培养孩子的思想品德和行为习惯，却很少对孩子进行安全方面的教育。而孩子正处于天真烂漫时期，既缺乏自我保护意识，也没有足够的自我保护能力，对世界往往充满了美好的幻想，却看不到可能存在的危险和丑恶。家长一旦考虑不周就可能出现不可控的事情，所以在孩子需要监护的这段岁月，不但家长务必提高警惕，而且还要从方方面面对孩子进行安全教育，帮助孩子擦亮心灵的眼睛，促使孩子提高自我保护意识，增强自我保护能力。

　　我曾经在网上看到英国颁布的《儿童十大宣言》，这一注重实用性、可操作性的安全教育指南，可以帮助我们具体了解安全教育应该如何深植于孩子心中，值得家有儿女的我们好好借鉴。

　　一、平安成长比成功更重要。安全重于一切！要教育孩子有安全意识，告诉孩子任何人无权剥夺他们的安全权。

　　二、背心、裤衩覆盖的地方不许别人摸。让孩子知道身体属于自己，身体的某些部分不许别人看，不许别人触摸。

　　三、生命第一，财产第二。告诉孩子生命安全比任何东西重要得多。

　　四、小秘密要告诉妈妈。向孩子保证，无论发生什么事情，只要孩子向父母讲明真实情况，父母都不会怪罪，而且会尽力帮助孩子。例如性骚扰事件，孩子应主动向父母诉说。

　　五、不听陌生人的话，不喝陌生人的饮料，不吃陌生人的糖果。对毒品、烟酒坚决说不。

　　六、不与陌生人说话。当陌生人与孩子说话时，孩子可以假装没听见，马上跑开。陌生人敲门可以不回答、不开门。

　　七、遇到危险时可以打破玻璃、破坏家具。告诉孩子，紧急情况下可以大叫、大闹、踢人、咬人，甚至打破玻璃、破坏家具。

　　八、遇到危险可以自己先跑。遇到坏人、地震、大火，孩子应当果断

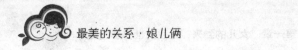

逃生、拔腿就跑。自警、自救、自助，可以不必等大人指挥。

九、不保守坏人的秘密。告诉孩子，即使曾发誓不告诉别人，但遇到坏人欺负也一定要告诉家长，这些秘密不能藏在心里。

十、坏人可以骗。对坏人可以不讲真话。机智应对才是好孩子。

对孩子而言，"生命安全"永远是第一位的。做家长的首先自己要有这样的意识，才能真正保护好自己的孩子，才能潜移默化地提高孩子的安全意识和自我保护能力。

奶奶偏瘫，需要我们笑容面对

奶奶70多岁的时候患上了偏瘫，一条腿不能走路。当时，我错误地以为这是家族遗传使然，是不能治疗的，因为奶奶的哥哥和妹妹都是因为偏瘫常年卧床不起直至去世。原本干活麻利、喜爱干净的奶奶迫不得已在家卧床，这让她特别沮丧。幸好爷爷身体健康，随时陪在奶奶的身旁。

开始的那几年，奶奶尽管行动不便，但还能够坐在街头看风景，她的脸上也不乏笑容。随着年龄的增长，奶奶开始变得稀里糊涂，好像对很多事情都失去了记忆。

我很难过，但又无能为力。

2007年国庆节，我在书房给奶奶缝制褥子和尿不湿。那时候，我不知道市场上已经有很多方便实用的成人尿不湿，只是觉得为奶奶多做一些可以洗涤、晾晒、随时替换的尿不湿，方便别人照顾奶奶，奶奶也就不会躺在尿窝里。

我铺开早已买好的棉布，裁剪一番，然后穿针引线进行缝制。女儿一会儿帮我拿剪刀，一会儿帮我拽布边儿，忙得不亦乐乎。

女儿问道："妈妈在干什么呀？为什么要做这些东西呢？"

我一边忙活，一边给女儿讲述我奶奶的故事。我告诉女儿，我的奶奶不但长相漂亮、持家有方，而且她的针线活儿在村里首屈一指。每到冬天，村里办结婚喜事的人家特别多，奶奶就成了各家争抢的裁缝师——那时没有现在这些样式繁多的结婚礼服可供选择，几乎每一个新娘的棉袄都

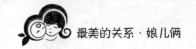

是纯手工缝制的，而且新娘的衣服要在娘家和婆家两个村子的人面前展示，所以几乎每一家都要找针线活儿最好的人给新娘子做嫁衣。于是奶奶就开始一刻不得闲了，晚上都要点灯熬油地干活儿。而那些滑溜溜的绸缎到了她的手里，全部变得服服帖帖。

我说，我的针线活儿很多都是跟着奶奶学的。每当奶奶做针线活儿而我不上学的时候，我就坐在炕上看奶奶干活儿。有时帮奶奶拽个布边，有时替奶奶穿针引线，我都感觉很有成就感。更重要的是，奶奶允许我随便处理那些她不用的小布片，我会学着奶奶的样子用那些五颜六色的布片缝制成大小不等的沙包，然后在学校里和小伙伴们分享。

奶奶非常疼爱我，给我做新衣裳，请人给我编织时髦保暖的毛线帽子。大学报到前，她还悄悄塞给我200元钱。那时候，200元可不是小数目，而且这些钱都是奶奶省吃俭用积攒的。即便是我上了大学之后，每年寒假回家时奶奶总是给我留着鸡腿等很多好吃的。奶奶偏爱我，我是她的骄傲。

我一边干活一边絮絮叨叨地说了很多，也不管女儿能不能听懂，自顾自沉浸在对奶奶的感恩回忆之中。最后，我停下手里的活儿，很认真地说："现在，我的奶奶年纪大了，生活已经不能自理，我给她做尿不湿是想让她更舒服一些。"

女儿睁大眼睛静静地听着，突然，她很认真地说："妈妈，我都知道长大以后怎么照顾你了。"

我看看刚刚五岁的女儿，心里满满的都是感动。

褥子和尿不湿都做完了，我带着女儿回老家看我奶奶。

奶奶已经80多岁了，头发全白、面容消瘦，有时神志不清。女儿看到她的样子可能会感到害怕，所以，在回老家的路上，我开始给女儿打预防针。我说："我的奶奶年纪很大了，又生病多年，她的模样不是很好看。回家后你敢看她吗？"

女儿说："妈妈敢看，我就敢看。"

我说："我很想念我的奶奶，我很爱她，我当然敢看了。而且，奶奶也最爱我，你是我的女儿，她一定也很爱你！"

女儿高兴地说："我和妈妈一起看她吧。"

我继续说："奶奶看见我一定很开心，看见你会更开心。虽然她可能不会说话了，但是她清醒时会特别注意别人的表情。别人帮她擦屎擦尿时如果满脸不情愿，她也会很难过。如果咱们都笑容满面，她的心情就会舒畅。"

"那咱们就笑吧。"女儿说。

"一言为定！"我说。

回到家，我和女儿来到奶奶的房间。一进门，女儿赶紧拽住了我的手。我知道，当她真正看见躺在炕上满头白发的奶奶时，心里一定打怵而不敢靠近。

我拉着女儿的手，慢慢地来到炕前。我一边喊着"奶奶、奶奶"，一边轻轻地摸着奶奶的脸。女儿也伸出小手，学着我的样子试探着摸了摸奶奶的脸，然后看看我，笑了。

尽管奶奶不是很清醒，但是当她看清我和女儿的时候，她的脸上竟然露出了笑容。

我笑着，但眼泪已经流出来了。我开始给奶奶剪手指甲和脚指甲，然后打一盆温水给奶奶擦洗身子，擦洗完毕后又给奶奶穿上我自己做的尿不湿。

我做这些的时候，女儿一直在一边看着，我时不时地看看她，对着她笑一笑。她看见我笑，也就跟着笑。

等我忙活了一番之后，奶奶忽然叽里咕噜地说话，笑容满面，而且还伸出自己满是老年斑的手去摸女儿。女儿也不害怕，赶紧伸出小手让奶奶摸着。

我又笑着流泪了。

我很欣慰，女儿很善良。我一直认为善良是一个人最优秀的品质。我曾经看到过这样一个故事：

有一位老板志存高远、踌躇满志，但一直很烦恼。他经人指点并托人

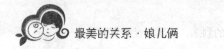

连线找到一位高人指点。

高人问："你心里烦什么？"

老板说："我想征服每一个员工。"

高人又问："有些人的武器是金钱、权力、低头弯腰、下跪拎包……那你的武器是什么？"

老板说："这些武器我都有，原来是低头弯腰、下跪拎包；现在是地位、权力和鼓鼓的腰包。但是，却不足以服众。"

高人轻叹一声："要征服每一个人，仅用一件武器即可：待人以善。"

善良是人的本能，是人生存最有力的武器。莎士比亚说："善良的心，就是黄金。"哈佛大学一项研究表明，一个人的精神层次越高，心理越是健康，内心也越善良。有句话说，一个人能走多远不是由他的腿决定的，而是由他的善良决定的。我非常赞同。

百善孝为先，孝敬老人是中华民族的传统美德。古人说：孝是立身之本、齐家之宝、治国之道。一个人懂得孝敬长辈，自然会尊敬他人，能与他人和睦相处。

女儿是一个懂得孝敬老人的孩子。对于这一点我深信不疑。

有恐慌也有虚惊 —— 关于带孩子看病

关于女儿小时候生病的记忆，我印象最深刻的有三次。

一次是因为她感冒发烧去医院输液。输了三天之后，医生下了医嘱再输三天进行巩固。我再一次去缴费时感到很奇怪：医生开的药与前一次相同，而费用却不一样了。缴费处的人员建议我再去问问医生。我疑惑地拿着医嘱去问医生，医生仔细看了看医嘱，又问了孩子的年龄和体重，然后说："哎呀，算错体重了。"

原来，医生把孩子的体重算错了，开出的药物剂量竟加了一倍。

我胆战心惊！忽然想起自己差点儿丢掉性命的一次经历：因为感冒去医院打小针，护士拿到药一看立即大声惊呼道："这是谁开的药？你不要命了？"我拿着药去找药房，药房人员看了看药方，说自己就是按照药方拿的药，让我去找开药的医生。我又去找医生，医生疑惑地看了看处方，然后很不好意思地说："抱歉抱歉，我把氯化钠写成氯化钾了。"从那以后，我对那位打针很疼但认真负责并救我一命的护士肃然起敬。

万万没想到，类似的一幕竟然又发生在我女儿身上。如果不是我发现费用的不同去询问医生，而是直接缴费然后把药交给护士，忙碌的护士直接把正常剂量两倍的抗生素输进了女儿的身体，后果不堪设想！

有了这样一次经历之后，再给孩子吃药或者输液的时候，我都万分小心。但是，即便是自己小心翼翼，一旦遇到个别犯糊涂的医生，还是会出现意外。

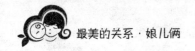

有一年春节前夕，女儿又感冒发烧。她爸爸一心想着她赶快好起来然后回老家过春节，于是就带着她到医院看医生并按照医嘱输液。

以前，据我观察发现，只要女儿退了烧马上就会又唱又笑，就好像未曾生病一样。可是，这一次却与以前大不相同，输完液回家的女儿无精打采，对什么都很不耐烦。我感到有点奇怪，但没再探寻原因。输液三天后带着她回老家，途中去咨询了她爸爸当医生的同学，听罢医生的结论后我大惊失色。这位医生看了看输液医嘱说，女儿之所以出现输液后更加萎靡不振的现象，是因为当时医生开出的退烧激素超出了她能承受的剂量。

我很生气，更后悔不迭！当时我忙于春节前清扫厨房卫生，并不知道她爸爸带她去看的是名老专家号，其实挂名老专家号是没有问题的，但万万没想到会出现这样的情况。

我不怪年老的医生开错了剂量，只怪自己不够细心，没有跟随到医院并和专家一起仔细计算剂量而给女儿造成了不良影响。我不知道激素剂量加大会给女儿造成什么影响，只相信她爸爸医生同学的话：随着时间的流逝，激素影响会慢慢消失。

迄今为止，我印象最深的是女儿入住青岛山大医院那次。2008年元旦前的两个星期，女儿出现感冒症状，扁桃体肿大，睡觉打呼噜。我以为只是普通的上呼吸道感染，于是就每天给她喝规定剂量的儿童消炎药强必林和中药制剂板蓝根。女儿也没有出现特别的不良或不适反应，仍然天天按时去幼儿园，跟着我早起晚回。直到有一天早晨，我忽然发现女儿后背上出现了几个针尖样大小的出血点，才赶紧带她到医院看医生。

医生详细询问了病情，开了一系列的检查和化验单。带着女儿检查完后，我得到一个让人惊慌失措的消息：女儿的血液化验结果显示血小板减少。

"建议你们带着孩子到上级医院去看看，去北京儿童医院或者青岛山大医院都行。"医生严肃地说。

于是，我急急忙忙向单位请好假，联系好在青岛工作的哥哥后，我和女儿立即赶往青岛山大医院，并顺利住进了儿童血液科病房。然后是各种检查：拍胸片、抽血，甚至是做骨穿，详细检查后被确诊为急性血小板减少性紫癜，主要是由病毒感染引起的。

虽然看着女儿这么小就遭受骨穿这样的痛苦我很心痛，但是，看到检查诊断结果后我还是长长地舒了一口气：还好只是一场虚惊！女儿得的不是让人谈之色变的白血病，我一直揪着的心也终于稍微放松。

我们在医院住了七天，七天里我几乎寸步不离，一直陪在女儿的身边。看着女儿因为输液而淤青的小手，我心疼不已却也感到无能为力，只能静静地陪着她看少儿节目，或者是让她偎依在我怀里。

虽然天天输液，女儿却没有表现出任何娇气，她一会儿用正输液的小手给患了白血病的胶州小姐姐画"小美美"，一会儿给患紫癜的海阳小弟弟画"小丑鱼"，忙得不亦乐乎。

而我，在昼夜陪伴女儿的过程中，也近距离接触了病房里各种年龄的恶性淋巴肿瘤患者和白血病患儿。

对面病床是一个10岁的女孩，罹患白血病，正在接受化疗。因为化疗药物的影响，女孩的口腔里全是溃疡，喝口水就如同受酷刑般嗷嗷直叫，而且因为皮肤黏膜溃疡，她大小便时也是痛苦万分。当女孩一遍一遍不停喊疼的时候，她的妈妈——一个已经熬黑了眼圈的农村妇女，只是无奈地频频抹眼泪。为了给这个患白血病的女儿治病，她已经把刚刚盖起的房子卖掉了，但卖房所得的区区几万元钱对于巨额治疗费用而言，只是杯水车薪。

"我真的是没有办法了。"中午吃饭的时候，她从茶缸里捞起几根热水烫过的菠菜，愁眉苦脸地对旁边的陪床家属说。

"你还能卖房子筹钱，我家的房子破旧得根本就没人要！我已经借遍了所有的亲戚，目前已经身无分文了……"一位同样来自农村的男人看看自己身患恶性淋巴瘤的儿子，有气无力地说。

就是这两位陪床家属，每天早上都积极相约到早市去，因为早市上可以买到特价处理或者被直接遗弃的不太新鲜的菜。他俩大包小包地提着这些便宜的菜回到病房，挑拣出嫩一点的，用热水烫烫，撒点味极鲜，给孩子吃。然后再把其余的能吃的菜叶子放到一个大茶缸里，倒上热水烫一烫，撒上一点盐后自己就着馒头吃。

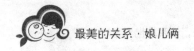

因为要给孩子治病，他们每天过着如此清苦的生活，眼里没有一丝希望的光。这是不是麻木呢？当遇到这样的困境，谁又能清醒地迎接每天的朝阳呢？

女儿病床的旁边住的是一个身患白血病的九岁男孩。男孩的爷爷奶奶都是青岛本地人，父母也都在青岛工作，来看孩子的亲属络绎不绝，但每个人的脸上都阴云密布。

"三年搬了三次家，都是刚刚装修好的房子，孩子得这个病一定是与装修有关系，真是后悔死了！"男孩的奶奶抹着眼泪悄悄对我说。

我不知道如何安慰这个面容清秀、衣着得体的阿姨，当时的我并不知道白血病是可以救治的，我的脑海里也没有任何治愈的案例与她分享。

我只能安慰她说："别难过了，不一定是装修房子的原因，现在医学这么发达，会有办法治疗的。"

阿姨的眼里立即闪烁着希望的光，她悄悄地对我耳语道："为了给孩子进行骨髓移植，孩子的爸爸妈妈决定再生一个孩子……"

人难免生病，疾病面前人人平等。就像这个病房里的孩子，无论是出生在农村还是生活在城市，一旦患了相同的疾病就都住在了这里。不同的是，因为各自家庭的经济状况不同，所接受的治疗有所差异。

有一天，因为隔壁有一个孩子突然离世，病房里的家属们似乎都很激动。他们在走廊里小声嘀咕着，同层病房里哪个孩子是什么病情、花了大约多少钱、哪个孩子申请到了捐助但于事无补，等等，然后是长短不一的唏嘘声。病房的走廊，忽然就变成了各种消息得以传播的通道。

白天，护士整理床铺，医生列队查房，孩子打针哭闹，家长不停地安慰甚至忍不住呵斥两声……病房里比较热闹。可是，夜深人静时，等孩子们沉沉睡去，陪床的家长们却似乎异常清醒，他们或者坐在马扎上，或者围在床边，发出一阵一阵的叹息声，安静的病房瞬间变得极其凝重。

听着他们此起彼伏的叹息声，看着女儿沉睡中安详的面容，我暗下决心：无论我的世界里发生了什么，我都要尽己所能陪伴女儿健康快乐地成长。

义务植树 —— 最美的纪念

有一年的阳春三月，我们带着女儿来到了潍坊浮烟山森林公园。这次来这里不是单纯游玩，而是来义务植树的。

森林公园的管理人员准备了植树的工具和小树。在管理人员的指引下，我们先是领取了水桶、扁担和铁锨等，到指定地点选好了植树的位置，然后随着人群来到一大堆小树前。工作人员指着那一大堆已经发了芽的小树说："愿意种哪一棵树就种哪一棵，随便选。"

于是，参加植树的人们开始选取小树。为了选取到自己最满意的小树，有年轻力壮的小伙子甚至不嫌麻烦挑来挑去。场面一度混乱，但人们的脸上都洋溢着笑颜。

根据女儿的意愿，我们选定了一棵长得挺拔且没有多余枝杈的小树。这是一棵有希望长成参天大树的小树，我想。

拖着小树正要离开，女儿忽然指着那堆树说："妈妈，咱们可以多种一棵吗？我还想种这一棵小树。"

我顺着女儿手指的方向望去，那是一棵歪脖树，其实我早就发现它了，开始的时候它还在小树堆里，被选树者扔来扔去之后，孤零零地躺在一旁，再也无人关注。很显然，这是一棵无人肯要的小树。

"这棵树没人要吗？"女儿问。

"可能是吧。"我说。

"不栽在土里，它是不是就会死了呀？"女儿又问。

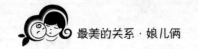

"有可能啊，或者被人劈了当柴烧。"我说。

"咱们可不可以把它种在土里呀？"女儿很严肃地看着我。

"应该可以的。"我说。然后去问工作人员。

听我说完，工作人员笑了，说："当然可以啊，你们不怕累就行。"

"不怕累。"我赶紧说，就好像我是挖坑栽树的主力似的。

于是，我和女儿一人拖着一棵树，来到选定种树的地点。她爸爸已经挖好了一个坑，并挑着水桶去远处打水了。

就这样，女儿一会儿帮着挖坑儿，一会儿扶着小树，一会儿帮着浇水，忙得不亦乐乎。很有意思的是，在我们种第二棵树的时候，其他已经种完第一棵树的人，也都相继去选了第二棵树，然后挖坑、挑水，继续热火朝天忙活起来。

不知过了多久，把两棵小树全部栽好后，我们也感到有些累了，正准备回家时，一位穿着长裙的女士走过来，问："你们愿意参加我们的音乐会吗？"

"音乐会？"我吃惊地看看女儿，女儿瞬间热情高涨，欢快地说："好呀好呀！"

于是，我们归还了种树工具后，跟着那位女士来到一个土坡前。那里已经聚集了不少人，正在左顾右盼。

不一会儿，土坡前就变成了一个星光熠熠的舞台。先是一位穿着旗袍的女士袅袅娜娜地走上台，京腔京韵地说道：热烈欢迎大家的到来！首先请大家欣赏歌曲《赤子之心》，演唱者，留学国外的学者×××。然后，一位穿着白衬衣、打着红色领带的男士气宇轩昂地走上台来，嘹亮的歌声在树林里响起……

听着歌者热情洋溢的歌声，看着听众自然安详的面容和连眼角都笑意盈盈的眼睛，我简直惊呆了！我不知道刚刚热火朝天挖树坑、挑水栽树的他们，什么时候、去哪里换上了旗袍和西装，也难以想象在劳作了一阵子之后还能够神采奕奕地放声歌唱……我来不及多想，拿起了摄像机，把他们一张张热爱生活的脸庞连同他们的歌声，全部录了下来。

这是一段震撼人心的记忆。我想留存下来，等女儿长大之后再回头看，她可能会更有感触。无论生活怎样不尽人意，无论遭遇什么挫折，都要像这些积极义务劳动后仍然放声歌唱的人们那样，一如既往地热爱生活。

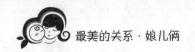

吃小饭桌 —— 无奈的选择

2008年夏天，女儿 6 岁，到了上小学的年纪。我的工作发生了一个重大变化。

就在那个夏天，我所在的学校由九年一贯制变成了一所纯粹小学，我们初中部教师要和另一所初中学校的老师全部分流。在分流动员大会上，教育局有关领导告诉我们，分流的原则是尽量把老师安排到离家近的学校。

女儿到哪里上学，我就分流到离她最近的学校工作，这是我毫不犹豫的选择。因为给女儿选择了 R 小学，所以我希望被分流到离 R 小学一路之隔的 X 中学。但是，公布的志愿学校名单里并没有 X 中学，但有与 R 小学一墙之隔的民办学校 K。于是，在动员大会后当场填表前的短暂时间内与家人商量后，我把 K 学校作为第一志愿。

我自信能被 K 学校选中，因为 K 学校在当地晚报上发布招聘信息时明确提到，市级教学能手优先考虑，而我是待分流的 9 个思想品德教师中唯一的市级教学能手。并且，当时我已经获得市优质课一等奖，多次举办公开课、观摩课；所教的初中毕业班 WAT 考试成绩曾名列全区第一，同年在市中考复习研讨会上，我撰写的《精心备战，从容应考》深获好评；我在《齐鲁晚报》等报刊发表文章、论文等数十篇。

按照要求填报志愿后，我们立即参加面试。等待面试时，我脑海里反复出现的是有关教育教学的各种理念和案例。在接下来不到两个小时里，两组评委共4个人总共面试了100多位老师。我永远忘不了面试时评委问我的问题：1. 你多大了？2. 哪个学校的？3. 教什么学科？4. 老公忙吗？5. 孩子几岁？6. 家在哪儿住？7. 最高荣誉称号是什么？

如实回答这些问题的时候我忽然感到不安，但考虑到我是9人中唯一的市级教学能手，忐忑中自我安慰被选中应该没问题。

数天后的公示结果是：我不但没有被所填报志愿 K 学校录取，而且还被分配到离家很远的 Y 学校担任历史老师……

唉……时过境迁，不提也罢。

但是，分流结果出来以后，立即摆在我面前最无奈的事实是：我不得不到离家很远的单位上班。那样，中午就没法及时接送女儿，她就只能在学校里吃小饭桌了。

我迟疑着把这个消息告诉女儿，女儿说："没事，妈妈，我在学校吃小饭桌就行！"

那一刹那，我忽然发现，6岁的女儿竟然是我最强大的靠山。

我到离家最远的学校上班了，每天早上顺路送女儿到学校门口，然后再开车去单位上班。我给女儿做了带着美羊羊图案的小被子和枕头等，送到她所在学校的午休宿舍。虽然学校负责吃饭的老师对女儿很好，但我还是为不能亲自给女儿做午饭而遗憾。

女儿刚刚6岁2个月，我担心她不能适应学校的紧张节奏，但事实证明我的担心是多余的：女儿非常愿意上学，很喜欢自己的老师和同学；每天按时到校，主动认真完成作业；自己收拾整理书包；早餐我做什么她吃什么，从不挑食；积极参加各种活动……期末考试语文成绩优 +（100分）、英语优 +、数学优，被评为全面发展的"三好学生""小书法家""读书小明星"。全班80个学生，几乎都来自知识分子家庭，女儿在这样的班级里有这样的表现，真是不容易！

然而，这学期女儿的生活并不是一帆风顺的，2008年12月7日，女儿再一次因为病毒性感冒发烧住进了医院。看着她躺在病床上无精打采的模样，我心如刀割。我甚至想，如果春节后不能调到离家近的学校，我就

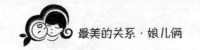

辞职。

女儿不但遭受了住院打针之苦，还遇到了无法排解的心理挫折。有一次，女儿从学校回来后一直闷闷不乐。其实她的班主任老师已经打电话告诉我原因了：学校要举行跳绳比赛，女儿当时跳得不熟练，当有同学指责她有可能给班级丢分的时候，她哭了，不明原委的老师看见她哭就有点生气地批评了她。我装作若无其事地问女儿："你在学校发生什么事了吗？"

女儿说"没有什么"。我连着问了三遍，她都是同样的回答。当时我立刻感到有些恼火，我实在不希望她也像我一样总把事情闷在心里。于是，没控制好情绪的我阴沉着脸不再与她说话，而她看到我生气的样子竟然默默地流泪了。

我到厨房做饭。过了一会儿，女儿来到厨房眼泪汪汪地对我说："你不知道人家敏感吗？"

我忍不住笑了，说："我知道啊，所以我准备做个大卡片，让你天天挂在脖子上，卡片上面写着：我敏感，别惹我。"女儿终于破涕为笑，用小拳头敲打我的胳膊。

看着女儿泪花闪闪的小脸，我很心酸，我觉得自己让6岁多的女儿在寒冷的冬天里吃小饭桌是残忍的！自己不能及时帮助女儿疏泄不良情绪是失职的！我蹲下来告诉女儿："亲爱的宝贝，我是你善解人意的妈妈，你的一举一动都会牵引着我的视线，我怎么会不了解你的喜怒哀乐呢？可是，并不是所有人都能够像妈妈那样观察你、猜测你，只有爱你的人才会用心呵护你。所以你必须学会表达、学会宣泄，学会把自己的想法和感受及时地释放出来，而绝不能等待别人来猜。否则，善良敏感的你会经常受伤害。"

女儿的善良和敏感可能是天性使然。那段时间，我心疼女儿不得不吃小饭桌却无可奈何，我感到焦虑又自责。我感觉自己就像一叶扁舟漂浮在一望无际的大海，找不到方向，看不到希望。有好几次在超市买东西时，我都无意中从镜子里看见自己的模样：面无表情，双眉紧锁。再仔细看看镜中的自己，眉间两道深深的皱纹无疑在提醒着人们：我不快乐。

　　善良又敏感的女儿发现了我的状况。每当下午放学回家我和她一起上楼梯的时候，她总是抢在我前面，然后停下来，扭扭小屁股，等我轻轻地碰一碰她才疾步向前走，然后我俩一起笑。从一楼到四楼，她不停地这样做，只是因为曾经有一次她不经意地做了这个动作，看她调皮可爱的模样我开心地笑了。每天晚上，吃罢晚饭收拾好一切，我靠在床上想看电视节目的时候，本来已经收拾好书包、可以在客厅看一会儿动画片的她，在不到10分钟的时间里，不断地跑过来，站在床头地毯上挺胸、提臀、然后快速地向前抖动一下，等我大笑。有一天晚上当我靠在床头看书的时候，她披着一块闪着金光的布料，迈着模特步在床前晃来晃去。也许是我的笑容太短暂，也许是我笑了而她没看见，她兴致勃勃地来回走了好几遍，最后终于忍不住噘起小嘴不满地对我说："妞妞（她对我的昵称），难道你就不能开心地笑一笑吗？"

　　是啊，难道我已经不会开心地笑了吗？其实，我是很愿意笑的。尽管我有刀刻一般的鱼尾纹，但我有整齐而洁白的牙齿。更重要的是，我有聪明伶俐、体贴懂事的女儿啊！看着女儿期待的眼神，我咧开嘴大笑起来。

　　还有一次，朋友送了几个彩色的气球，女儿独自在客厅和气球玩得很开心。后来，她邀请我和她进行拍球比赛。她一遍一遍地教我怎样把气球拍起来，一会儿示范给我看，一会儿让我自己练习，俨然一个非常负责任的小老师。我们在客厅画好分界线，然后就你来我往开始比赛，同时她还记录着分数。当我的分数落后的时候，她就轻轻地拍拍我的脸颊，说："妞妞要加油了哈！"我故意一直输给她，最后她竟然说："妞妞，我让着你，你赢几次吧！"……

　　刚刚6岁多的女儿中午不得不在没有餐厅的学校吃小饭桌，这件让我纠结难过又无可奈何的事情在善良的女儿那里却云淡风轻，丝毫没有影响她对妈妈的爱和对生活的热情。这让我感到吃惊和欣慰。

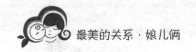

不争强好胜，但敢于竞争

女儿天生是一个文静的孩子，可能这是受我遗传因素的影响，因为我从小到大一直被冠以"文静"的美名。她爸爸希望她泼辣一点，能够积极主动地当众表达自己的意见。为了引导女儿学会争强好胜，她爸爸率先垂范，最突出的是有一次幼儿园里举行庆祝元旦活动，她爸爸凡事都积极举手参加，尽管有些项目不得心应手显得尴尬，但他竭力希望自己的举动能引领女儿变得像他一样主动热情。

虽然女儿一直没成为爸爸希望的争强好胜的类型，但她敢于竞争。早在幼儿园的时候她就积极参加歌舞、绘画等各种活动，还获得了山东省幼儿绘画比赛二等奖。而小学时的一次演讲比赛，更证明了她具备良好的竞争心态。

那年六一儿童节前夕，女儿很开心地告诉我她要参加演讲比赛，让我帮助她写一篇演讲稿。当时我很吃惊。女儿班里一共有80个孩子，孩子们的整体素质都很高，要在班里脱颖而出实在不易。

"你们班有多少人参加演讲比赛啊？是老师指定你们演讲的吗？"我问女儿。我必须了解情况，然后根据经验给她打好预防针。

"老师说自愿报名参加，先在班里演讲选拔，选出来的同学再参加学校的比赛。我们班一共有七个同学报名了。"女儿说。

"你能积极报名参加比赛说明你敢于竞争，我支持你！我认真写稿子，你好好准备演讲！"我说。然后，我根据演讲比赛要求写了一篇几百字的小稿，并和女儿一起读了一遍，把她不认识的字标上了拼音。

第二天中午放学后，女儿一见到我就非常开心地说："妈妈，我选上了！"

我不大相信自己的耳朵，这次选拔会这么容易吗？

"我们五个人明天还要演讲再选拔，老师说要把稿子背过，谁背得熟练就选谁。"女儿说。

原来，班里只是进行了第一轮演讲选拔，有两个报名的学生没有稿子直接出局了。

回到家里，趁我做饭的工夫，女儿开始背诵演讲稿，吃完饭后躺在床上嘴巴仍旧不停。等中午一起去学校的时候，女儿告诉我她已经背熟演讲稿了。

我说："这证明你的记忆力不错！晚上回家后我和你一起演练。"

女儿高高兴兴地上学去了。看着她一蹦一跳的背影，我心里有点不平静。我脑海里忽然想起自己刚刚大学毕业当班主任时的一件事情。这件事虽然时隔多年，但我仍记忆犹新。

那是我担任班主任的第一个六一儿童节，节前，学校举行演讲比赛。我组织班里学生通过自愿报名选拔出一个叫王燕子的女孩，她伶牙俐齿，发言积极，学习成绩优异，有一双亮晶晶的小眼睛。王燕子代表班级参加学校的演讲比赛获得了一等奖，我们皆大欢喜。

可是，六一儿童节那天，却发生了一件意想不到的事。

那天，我们学校的孩子全部来到文化宫，观看精彩节目。大家正看得聚精会神，一个盘着高高的发髻、画着妆、打扮得非常漂亮的瘦高个女孩登上舞台，开始演讲。

听着听着，我不平静了，她演讲的内容不是王燕子的演讲稿吗？

我正疑惑着，忽然看到原本坐在远处的王燕子正费劲地向我走来，还未到我面前她就火急火燎地说："老师，你听，你听！她演讲的是我的稿子，一模一样，一模一样！为什么让她演讲不让我上台？"

我哑口无言。我想急中生智做出合适的回答，可是，我的脑海一片空

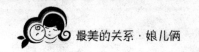

白，我不知道应该对这个胖乎乎的女孩说些什么。我努力把她搂在怀里，让她坐在我的腿上，似乎这样就能抹平她心里的疑惑，就能消除她眼睁睁看着自己的稿子被别人演讲而不能上台的失落。

后来，我猜想，可能是有人觉得王燕子小小的眼睛和胖乎乎的身材不太适合那个光芒四射的舞台。

而现在，我担心同样的情景出现在女儿身上。女儿身材娇小，相貌一般，柔弱的她登上学校的大舞台，很难让演讲效果荡气回肠。

吃罢晚饭，我扮演热情挑剔的观众不断指指点点，和女儿模拟演讲了好几遍。睡觉之前我对女儿说："你班里的同学都挺优秀的，万一你没被选上怎么办？"

"没选上就没选上呗！"女儿说。

"你能这样想，妈妈真高兴！"我摸摸女儿的脸，熄灯入眠。

第二天中午放学，女儿告诉我："有两个同学没有背过稿子，一个同学背得磕磕绊绊。选拔后还剩两个同学了，有我！"

"看来，早下功夫认真准备就有机会。"我说。

"老师说明天还要选拔，因为只能选一个人参加学校的比赛。"女儿说。

"好，加油！不用在乎结果，你能顺利发挥出水平就可以了！"我说。

最后的结果是女儿被淘汰了。老师说两个人都演讲得很好，但最好选一个能盘发髻的。女儿是齐耳短发，不合要求。从那以后，女儿主动要求留长发了。

五年级的时候女儿转学了。来到新的学校之后，女儿仍然积极参加各种活动，还参加过学校少先队大队委的竞选，她都是事前认真准备却能用平常心看待竞争结果。

我一直想让女儿尽早明白：社会的不断发展必然使竞争加剧，正确对待竞争对手和竞争结果，对竞争者来说是非常重要的。可以不争强好胜，但要敢于竞争。敢于竞争与争强好胜不同，争强好胜的人往往事事都想领先别人，见不得别人比自己优秀甚至穿得比自己好看。这种人并不理解竞争的真谛，也很难体验到竞争的快乐。而竞争能让人积极向上，不管结果如何都会让人学会战胜自我。从这个角度说，竞争的过程就是让自己成长的过程。

当一个人真正体验到竞争的快乐而不再需要通过别人的认可来证明自己时，她就真的强大了。正如有人所说：在竞争的社会里守住内心的淡定与宁静，才能在茫茫的人生旅程中欣赏到美丽的风景。

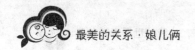

涂改等级 —— 下不为例

我个人是不赞成在小学一年级就开设英语课的。一个六七岁的孩子刚刚开始学习汉语拼音，在没有完全掌握汉语拼音的情况下同时学习英语，不但会给部分孩子造成学习拼音的困难，也会使有些孩子失去学习英语的兴趣。但是，我们当地的教育部门决定在一年级开设英语课程，作为家长，我们无法改变只能适应。其实我并不担心女儿的英语学习，因为她是那种比较认真的孩子，事实证明她学习起来也没有感到吃力。

但是，四年级时的一次单元检测后，女儿的英语老师打电话给我，说女儿的英语成绩竟然是 B 等级，希望我在家多关注一下她的英语学习。

吃罢晚饭后，我主动和女儿谈起了这次英语单元测试，问她的成绩并让她把卷子拿给我看。我一看卷子上的等级竟然是 A，有明显改过的痕迹。我一股怒火腾空而起，提高嗓音质问女儿："这是你的真实成绩吗？自己涂改等级是弄虚作假的行为，考试成绩差可以原谅，弄虚作假绝对不允许！"

女儿不说话，只是站在那里默默地流眼泪。以我对女儿的了解，她不会因为虚荣心而涂改等级。我忽然记起以前对她说过，我不要求她考满分，各科考到 A 就可以。我瞬间明白，女儿修改等级可能仅仅是不想让我生气。

想到这里，我立即缓和语气，说："考了 B 等级也没关系，咱们找到原因再继续努力就可以，你为什么要改成 A 等级呢？"

"我不想让妈妈生气！"女儿说。

我把女儿使劲儿搂在怀里，一边给她擦眼泪，一边说："如果你努力了却考了 B 等级，我是不会生气的。但是，你把 B 涂改成 A 我就非常生气。不管出于什么原因，涂改等级就是弄虚作假，以后绝对不允许出现第二次。"女儿点点头。然后，我耐心地和女儿一起分析她的卷子，找了找失分的原因：有些题目出错是因为粗心，有些题目出错是因为没有记清楚，还有些题目是阅卷失误，明明对了却扣了分数，而如果阅卷正确，女儿的成绩就是 A 等级了。

　　生活中，因为各种原因，孩子偷偷涂改成绩的事情时有发生，有的家长不以为然、置之不理，有的家长小题大做、不问青红皂白就大声呵斥，甚至动辄上升到品德问题。这些做法不仅不能帮助孩子解决问题，引领孩子健康成长，还会给孩子造成一些错误的认识，一旦孩子对自己的错误认识和不当行为习以为常，家长再怎么着急也晚了。

　　这是迄今为止女儿在学习上出现的唯一错误，我非常确定她当时仅仅是不想让妈妈生气而已。我很庆幸自己信任女儿并及时进行干预、及时和她交流沟通，既帮助她找到考试失利的原因，还消除了她的错误认识。更重要的是，我让女儿明白：只要她付出努力了，无论考试成绩怎样都没有遗憾，我也一直会和她站在一起。

　　修改等级的事就这样结束，但女儿的英语学习引起了我的重视。我开始有意识地听她读课文、背单词。可是，忽然有一天，女儿满脸愁容地对我说："妈妈，为什么要学习英语呢？"

　　听到女儿这样问，我愣了。凭着几十年的教师工作经验，我知道女儿在学习英语方面一定是遇到挫折了。我认真地和女儿聊了聊，终于知道，新换的班主任是英语老师，要求比较严格且比较关注班里发言积极的同学，女儿上课被提问的机会很少，产生失落感后对英语学科的学习也失去了信心。

　　我觉得自己应该很认真地对待女儿的反应。一旦女儿产生厌学心理，学习起来也就不会太积极，更谈不上快乐。我不能让她这种厌恶英语的情绪继续下去，我马上咨询家有小学生的同事，寻找解决问题的办法。有同

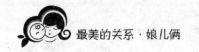

事告诉我，她儿子也遭遇过类似的情况。学校频繁换英语老师，老师的教学风格不一，孩子疲于适应，从而产生厌学情绪。她让儿子参加了一个英语辅导班，才慢慢培养起了学习英语的兴趣。

我马上联系了同事推荐的英语辅导班老师，并带着女儿去试听了一次，女儿很喜欢这个活泼幽默又年轻漂亮的宋老师。于是，女儿开始上课后辅导班。宋老师的辅导班就在学校附近，女儿放学后去学习一个小时后再回家。我跟着听了几节课，宋老师寓教于乐，把单词融于故事之中，使之容易记、记得牢，而且她还采用各种激励措施，课堂提问训练等都很及时，使得孩子们在轻松的学习氛围中都获得了提高。

看到女儿又对英语产生了兴趣，我感到很欣慰。我不但没有像有的家长那样在抱怨学校、抱怨老师中让孩子的厌学情绪持续下去，而且还及时探究原因，寻找解决问题的办法，尽己所能为女儿的学习助力。

课后跟着宋老师学习了半年时间，女儿再也没有跟我提起不愿意学习英语的事，英语成绩也稳定上升。暑假里，有朋友告诉我她女儿所在班级有一个孩子转学到外地了，空出一个名额。我知道那是一所双语学校，英语是学校特色，但因为班级名额固定，没有学生转出是不能转入的。于是，女儿顺利转入双语学校并很快适应了新老师，英语学习再也不成问题。

我在寄宿制学校工作了八年半，了解到很多家长选择寄宿制学校的一个重要原因：自己没时间管孩子或者自己管不了孩子，宁愿花钱把孩子送到学校让老师管，完全依靠老师培养、教育孩子。

花钱把孩子送到学校里就万事大吉，这是多么可怕的思想意识。我曾经在网上看过一篇文章《教育好自己的孩子是你最重要的事业》，我觉得说得挺有道理。毋庸置疑，孩子成长过程中的很多重要方面，例如良好品行和生活习惯的养成、读书兴趣的培养、坚强意志的磨砺和责任感、幸福感的获得，等等，都与家长的言传身教息息相关。好的家庭教育是孩子身心健康成长的关键！

三个兴趣班 —— 命运都多舛

　　我一直认为写字好看的人魅力无穷，对那些写字好看的学生也是格外青睐。

　　女儿上二年级的时候，看她学习等方面游刃有余、精力旺盛，我就几经打听找了一位据说造诣很深、性格幽默的书法老师，让女儿跟着他练习毛笔字。

　　学习毛笔字的场所是由老师的家改造而成的，三个房间里排满了书桌，来学习的孩子单人单桌按照老师的吩咐自主练习，写完后老师当场批阅。老师的话鼓励居多，即便是提意见和建议，语气也比较委婉，孩子们都虚心接受，都感到很快乐，也就更加勤奋了。

　　我陪着女儿去学习的时候，老师看到女儿第一次写的毛笔字就赞不绝口，说这孩子很有天赋一学就会，坚持下去一定会有造诣。我也暗暗赞同老师的说法，因为看到女儿写出的字，真的比有些学了很久的孩子写得还好，我也决心克服困难陪伴女儿坚持练习下去。

　　可是，因为当时我所在的寄宿制学校临时安排的工作比较多，我不能每次都按时接送女儿，她爸爸也非常忙，所以，寒冷的冬天到来之后，女儿就不再去学习了。现在想来有些遗憾，只能建议她考上大学后再自主练习。

　　与浅尝辄止的书法不同，女儿的古筝学习坚持了好几年。虽然最后没能像我和古筝老师设想的那样拿到十级后的表演级证书，但是，女儿坚持

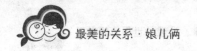

考出了九级水平。

当时学古筝是在二年级的下学期，我发现女儿已经习惯了学校生活，回到家就自觉地按时完成作业。看她很轻松的样子，我觉得她可以在业余时间学习一项自己喜欢的乐器，培养一项特长的同时提高艺术修养。

我先是带她来到一个比较大的琴行，里面有钢琴、吉他、古筝、琵琶、小提琴等各种乐器。女儿左看看右瞧瞧，经工作人员允许后用手摸一摸。三番五次比较之后，女儿确定选择学习古筝。实际上她可能更喜欢弹古筝时用的那些指甲，用胶布把专用指甲分别缠在手指上，轻轻拨弄琴弦，古筝便发出悦耳的声音，女儿的小手也自然而然做出电影里古代美女常做的动作，一副非常陶醉的样子。

我很认真地对女儿说："如果你确实愿意学习古筝，妈妈就给你找老师指导，买古筝。但是有一点儿你要知道，一旦开始跟着老师学习，你就得克服可能会遇到的困难和挫折。比如，要占用周六周日的时间、老师要求可能会比较严格、有些曲子比较难学等，要学就坚持认认真真地学，体验学习古筝的快乐。"

当时我对女儿说了很多。看我很认真的样子，她也很严肃地点点头。也许正是因为我有言在先，所以在以后学习古筝的几年时间里，女儿从不偷懒，而教她古筝的辛老师也非常喜欢她，一直夸奖她学得很快、记谱子记得非常准，属于在音乐方面有天赋的孩子，也不断鼓励她坚持学习下去。辛老师还经常安排她参加一些演出活动，我都积极陪同她参加。这些活动不但巩固了女儿的古筝演奏技能，也锻炼了女儿当众表演不怯场的能力和良好的心理素质。

可惜的是，因为读了寄宿制初中，女儿只考完九级就没有再参加古筝的学习。虽然我和辛老师一样感到非常遗憾，但是当时的现实条件下别无选择。我只希望她考上大学后能找时间继续培养这个特长，不是为了参加演出，而是作为一种艺术享受。

在女儿的业余学习中，学英语也是一波三折。前面讲过，女儿对英语曾经产生过厌倦情绪，经同事推荐我给她找了一个课外英语老师，帮助她消除了学习英语的消极情绪，重新激发了兴趣。虽然后来转到双语学校后女儿的英语学习不再是问题，但她仍然很喜欢参加宋老师的英语培训班并进行拓展学习。

可是，变化突然就来了。一个周六，学校有监考任务，我必须在早上六点半之前到校且上交手机，所以不得不让老公送女儿学英语。

监考结束拿到手机后，我发现有数个未接电话，是宋老师的。我赶紧打电话询问，才知道她爸爸跟宋老师闹意见了。

原来，因为周五晚上女儿和她爸爸去看电影回家晚了，没完成宋老师布置的作业。周六上课前宋老师检查作业，发现没完成作业的不止女儿一个，就对没有完成作业的学生说："作为惩罚，放学后写完作业才能回家。"于是，放学后女儿就留下写作业。

看到放学时间到了，女儿却没有出来，她爸爸就上楼去找，一听女儿被罚写作业，她爸爸很生气，就对宋老师说："送孩子来是学习的，不是受罚的，你这个样子会伤害孩子的自尊心，这个伤害是一辈子的……"

宋老师一听她爸爸的话也生气了，就说："跟着我学习就得遵守规矩，不愿意遵守规矩可以不学了。"

她爸爸决定不让女儿学了。

听罢宋老师的话，我无言以对，内心感到愤怒又悲哀。作为老师，我知道言出必行的重要性，布置作业后亲自检查的一定是负责任的老师，收费的兴趣班老师能这样做更是难得。那些只是为了赚钱的老师才不会花费时间检查作业呢！宋老师完全可以只负责到授课时间结束，钱已经挣到手，何必再检查作业惩罚孩子呢？自己还得花费时间陪着。可是，她爸爸不理解这些。他非常坚决地不让女儿上那个英语班了。他说自己已经打电话问过女儿学校里教英语的高老师，老师说女儿的英语不错，没有必要再上兴趣班了。

我知道那些出类拔萃的英语尖子生基本上都在利用业余时间进行课外拓展，我觉得女儿有这个精力而且她也从来没有喊过累，所以也就希望她继续学习，但这件事以后，女儿的课外英语学习就结束了。虽然我有些无

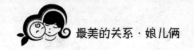
奈，但毕竟我不能保证每次都接送女儿，所以也就没有再坚持己见。

尽管女儿的业余学习班都半途而告终，但我还是认为，根据自己的实际情况，让精力足够的孩子适当地学习点技能或者培养一项特长，或针对某一学科进行查漏补缺，还是有必要的。当然，这需要多费点心思给孩子找到合适的老师，也需要家长意见一致且互相配合。

旅途中的意外风景

那年暑假，我和女儿随着学校组织的旅游团去台湾游玩。

按照行程规定的时间，同事们一早在学校集合。眼看发车的时间到了，却仍有参团人员没有到达。有位教师家属大妈立即生气了，不停地说着"不讲公德""很讨厌不守时的人"等话，直到那几个迟到的人很不好意思地上了车，大妈的喋喋不休才被翻白眼代替了。

女儿偶尔回头看看那大妈，显然不太理解她的做法。

"集体活动中，守时特别重要。"我悄悄对女儿说，"但也没有必要大动肝火，没有用！"女儿点点头。

一行人乘坐两辆大巴车前往青岛流亭机场。一路上大家说说笑笑，大巴车只在服务区停车一次就踏上了通往青岛的高速公路。万万没有想到，踏上高速公路不久就开始堵车，大巴车只能走走停停，有时一停就是五六分钟。开始的时候，大家只是好奇地东张西望，然后一致认为堵车只是短暂现象，所以并不过于担心而继续闲聊。可是，随着大巴车停车的时间越来越长，人们开始出现恐慌，有人甚至下车跑到前方很远的地方打探情况。导游急得团团转，不停地打着电话。

车上的人们开始议论纷纷，尤其是那位家属大妈又开启坐立不安、喋喋不休模式，一会儿让司机判断前方出现了什么情况，一会儿质问导游会不会误了飞机，一会儿大骂高速公路修得不科学……那大妈底气十足声音洪亮，怒气冲冲一刻不停。

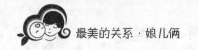

"妈妈，咱们还能坐上飞机吗？"女儿问道。

"不知道，因为不清楚前方路况。"我说，"即便是赶不上飞机，也是咱们无能为力的事，耐心等待吧。"女儿点点头。

不知道等了多久，车辆开始流动起来。大巴车司机稳中求快、飞速前进，终于赶到了飞机场。人们下了车就拖着箱子跟着导游一路飞奔，陆陆续续进了候机大厅后，气喘吁吁的导游欣喜地告诉大家："飞机晚点，咱们可以飞台湾了！"大家都长长地舒了一口气。

我看看女儿，说："你看，那些着急上火发脾气的，白白浪费了唾沫且不说，还暴露出了自己的品格。有时候，有些事情是急不得的，急也没有用，只能坦然面对。"

那次台湾之行，我们游览了日月潭、阿里山等，不但观看了宝岛美景、品尝了各种美食，还很侥幸地与一场大火擦肩而过。而女儿则对台湾的山川湖海和风土人情有了比较直观的感受。开学后不久，根据地理老师的提议，在课堂上，女儿结合自己的台湾之行，给班里的同学讲述了台湾的有关内容。当时，我悄悄地站在门外看着，女儿做的 PPT 内容丰富，她讲解时也很从容流畅。我想，这也许是她台湾之行最大的收获吧。

当然，因为有了高速公路堵车、差点赶不上飞机的经历，在以后的外出旅游中再遇到类似的事情，女儿基本上都能和我一样保持冷静了。比如那次我们的青海之行。虽然当时是盛夏时节，但长途动车上的温度低得我和女儿不得不穿上两层冲锋衣。同行的朋友出去一问得知，是因为有乘客提出了降低温度的要求。好在这只是小问题，无非是多穿衣物而已。

然而，有些意外情况可就不是多穿衣物这么简单了，比如山体滑坡阻断道路，不得不临时换车。原先的行程计划是一路到达西宁，但是途中突然就接到通知，说前方出现塌方需要转乘别的车辆。于是，车到某站之后，车上的乘客就拖着大包小包匆匆忙忙下了车，然后按照指引等候换乘车的到来。等车来之后大家都傻眼了，因为这是一辆绿皮车。我和女儿对视了一下：别无选择，随着人流挤上去吧。究竟是怎么上车的，我真的不知道。只记得上车之后，有朋友喊女儿过去坐下。很久没见到车厢有这么多乘客了，大家站着的、两人坐一个座位的……真是人头攒动。人挤人倒也罢了，最要命的是车上没有空调，简直如蒸笼一般，空气不流通，人人汗流浃背，各种气味四处飘散。女儿和我一样，平静地接受着这一切，丝毫没有嫌弃和埋怨。没错，旅行能让人成长。

那次青海之行让我们必须坦然面对的不仅仅是中途换车。当我们到达西宁的时候，夜幕已经降临，等出了车站后又发现外面正大雨磅礴且漆黑一片。人们纷纷拿出雨伞，一手拖着行李箱，一手撑着伞，随着导游的呼喊疾步向前。女儿紧紧跟着我左拐右转，过了很久终于找到了接我们的大巴车，上车之后才发现我和女儿浑身都湿漉漉的。同行的旅客们纷纷抱怨当地导游为了省钱不让接人的大巴车进站。女儿没有抱怨什么，到达宾馆后洗个热水澡就赶紧睡了。看着女儿平静的面容，我很欣慰。

在外出旅游中，需要坦然面对的不只是天气和路况，还有诸多人为因素导致的不顺。我和女儿去湖南的时候，因为晕车的缘故，乘坐大巴车时我一直坐在前边的座位上。可是，下车游览了一个地方之后，再上车却发现我和女儿坐的座位上已经坐着一对青年男女，他俩是我不太熟悉的同事，而女儿则满脸委屈和忧伤地坐在了汽车的后排座位。

我说："上车晚了，座位被人坐了是很正常的。"

女儿说："不是的，我已经早就坐在咱俩原来坐的位置上了，但那叔叔和阿姨上车后说他们要坐在那儿。"

我握紧了女儿的手，没有说话。女儿很善良，从不愿意和别人争抢。我那两位年轻同事非要坐在那里，女儿一定是不愿意和他们冲突，而那时候前面已没有了位置，她就只好坐到最后面了。

我安慰女儿说："没事儿！晕车吐也不怕，我带着方便袋呢！"

果不其然。山路十八弯，我的胃里翻江倒海一般，我自觉地拿出早已准备好的方便袋，以免呕吐时身边的人也跟着遭殃。

有人说，了解一个人最好的方式就是一起去旅游，这个过程中一定会暴露本性。我不认同两位年轻同事的做法，但是后来男同事向我索要新书的时候，我还是欣然签名送给了他，我就是想让他知道我是怎样做人的。

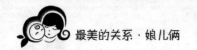

而对女儿来说，出门旅游时碰到这样的事情，也是她心灵之旅必学的课程。

曾经有句话非常有名："身体和灵魂，总有一个要在路上。"因为十分认同自主感悟和亲身体验是对孩子最好的教育，所以我也努力身体力行陪着女儿读万卷书行万里路。

迄今为止，女儿在她爸爸的带领下，不但已经游览过国内的一些名胜古迹和名校，而且还曾经到美国游学大半个月、到新加坡的朋友家过春节。这些对于女儿开拓视野、增长见识、丰富心灵真的是功不可没。

只要条件允许，带着孩子到处看看是非常不错的选择。

学校"好声音"比赛 —— 并不特殊的存在

女儿刚上初一的时候，她的班主任曾悄悄问我希望孩子在班里担任什么班干部。我知道这是同事在对女儿进行特殊照顾。我说："你观察看看她适合承担什么职责，如果她愿意参加竞选，也有能力承担责任，担任班干部也是可以的。"

周末回家吃罢晚饭后，女儿就立即坐在书桌前写着什么。

我问："你在干什么呢？"

女儿说："我在写竞选演讲稿，我想竞争班里的文化部长，报名参加竞争的同学有好几个，我必须好好准备才能获得大家的认可。"

等她写完稿子，我主动要过来看了看，提了几点意见和建议，但是不知道她按照我的意思修改了没有。睡觉前，我听见她在屋里小声地读着什么，我知道她这是在模拟竞选呢。

后来，她顺利通过了班里文化部长的竞选。因为是演讲结束后班里同学当场投票、唱票，她以最高票当选，这让我心里感到非常坦然。事实证明，她也是非常尽职尽责的。因为是寄宿制学校，班里要为每一个同学过生日，举办活动也比较多，写串联词、做课件等，女儿都认真积极参与，她还问我要了钱给同学买生日礼物。我不反对她花钱，我觉得这是善于合作、乐于分享的表现，而且还可以避免被贴上"老师的孩子会被特殊对待"的标签。

2015年元旦前夕，学校要举办"好声音"比赛。我无意中看到了级部

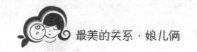

参加比赛的名单上竟然有女儿的名字。

周末回家后，我问起了女儿是怎么参加并通过级部选拔的。因为我听说，每个班要先选出三个人参加级部选拔，级部再从这些人当中选拔出几个人参加学校的角逐。

女儿说："班长在班里公布了这个消息，让大家自愿报名。然后，班长让参加报名的同学分别唱一两首歌，最后从这些报名的同学中选拔了三个同学，我是其中一个。"

女儿很认真地对待级部里的选拔。她先上网下载了她喜欢的歌曲《稻香》的歌词和伴奏带，然后抽空就对照着镜子练习。这首歌很好听，但是能记住歌词还能跟上节奏真的很不容易。我曾经建议她选一首歌词朗朗上口、曲调简单的歌曲，但是她坚持自己的选择。看她非常陶醉地练习，我也就不再说什么，只是为她准备与歌曲搭配的服装。

又是周末回家，女儿告诉我她已经通过级部选拔了。我表示祝贺，但我知道学校里有不少学生一直在课外学习声乐、跳舞等，有的在音乐方面确实是出类拔萃的，而女儿除了参加学校规定的音乐课，从来没有接受过专业的指导和训练，这次能被选上，也许不是完全凭能力，参加选拔的老师给予一定照顾也是有可能的。

女儿似乎并不了解这些，她沉浸在参加学校比赛的兴奋中。看她积极热情地做准备，我没再说什么，只是问她需要我帮她做什么。女儿决定比赛时演唱朴树的《那些花儿》，让我给她准备一条白色的纱裙和白色的短靴，我一一照办了。

学校比赛的时间马上就要到了，女儿除了完成学习任务，还得抽空参加学校的彩排。看女儿踌躇满志的样子，我还是忍不住说："你要做好思想准备，参加比赛的学生有很多是受过专业训练的，他们的演唱技术、舞台经验等都要比你好，你很有可能比不过他们。如果不能获奖，你不会有很大的失落感吧！"

女儿说："我也不是第一次参加比赛了，我的心理承受能力还是比较强的。这次能参加学校的比赛我已经很满足啦，至于能不能获奖，那是我无法左右的，我只认真地做好准备就可以了。不过，第一次当着那么多同学的面唱歌，全校的所有教室都进行直播，现场还有电视台录像，我可能会有点儿紧张。"

听完女儿的话，我感觉她已经长大了。我说："如果你感到紧张，上台之前先做深呼吸，多做几次。上台之后无论出现什么状况，你坚持把歌唱完就可以了。"

我想起自己第一次参加市里的优质课比赛时，讲着讲着忽然停电了。那时候没有现在的多媒体，只有一台幻灯机手动放映幻灯片，一旦停电，幻灯片是放不出来的。当时，我花了几秒钟的时间平复情绪，同时也得到一个经验：以后无论讲什么样的课都要做好两手准备，即便是没电了，也照样能把课上完。所以我故意问女儿："万一你唱着唱着停电了怎么办？"

女儿轻描淡写地说："只要老师不让停止，我就清唱呗！"

听女儿这么说我就放心了。

演出的当晚，我早早地去了现场，悄悄地坐在观众席的最后面。我没有靠近评委席，也没有到前面去给女儿拍照片。我只希望女儿能顺利唱完歌得到锻炼就可以了。

终于轮到女儿上台了，灯光闪亮，音乐响起，女儿穿着白靴和白裙子缓缓地走向舞台。突然，她打了一个趔趄，似乎差点儿就摔倒了。也许是因为前面节目吹起的肥皂泡落在比较光滑的地板上了，也可能是女儿有点紧张，穿着新短靴不习惯、没站稳。不过有惊无险，女儿按照节奏唱起了歌。

比赛结果正如预料，女儿并没有获奖。看着她最后合影时站在队伍后面有点落寞的神情，虽然我也有点小遗憾，但我知道这是女儿必须要经历的。即便是我当评委，别人出现小失误我可能会忽略，但我会对她要求更加严格。因为我在这所学校里当老师，女儿要参加比赛，应该比别人更优秀才能获得和别人同等的获奖机会。

我觉得，让孩子参加这样的比赛，实际上就是学习一门非常重要的课

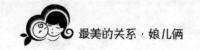

程。在人生的舞台上，处处都会有合作、有竞争，而要获得满意的成绩就得努力付出，就必须比对手更出色。而且在竞争过程中还要保持好状态、尽量不出现任何意外，这样才能保证过程顺利并获得好的结果。又因为竞争结果并非一定会按照实力来评判，很多人为因素是自己不能左右的，所以，如果结果不如人意，要让它成为自己以后成长的动力和催化剂，让自己各方面变得更加优秀。

有些经历，经历过就可以了。在过程中自己得到了锻炼，结果如何，就显得不那么重要了。

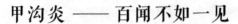

甲沟炎 —— 百闻不如一见

从女儿学会使用剪指刀那天起，我就再也没有给她剪过指甲。虽然看着她手拿剪指刀的时候我总有些担心，但又觉得这也是孩子成长中必备的一个小技能，自己不必太在意。

可是后来发现，无论是女儿的手指甲还是脚指甲，总是被剪得短到不能再短，甚至眼看着都剪到肉了。每当看到这种情况，我总是一遍一遍嘱咐女儿，以后不能再把指甲剪成这样了，一旦引起甲沟炎就麻烦了。我千叮咛万嘱咐，强调了再强调，女儿也总是一副洗耳恭听的模样。但是女儿的指甲仍然被剪得很短，本来很好看的一双手也显示不出十指尖尖的美感。

那年暑假的一天午睡后，女儿来我房间问有没有消毒酒精棉。

我找出酒精棉给她并问她怎么了，她轻描淡写地回答"没什么"，然后拿着酒精棉就到客厅去了。

我心生疑惑，心想她可能又伤到什么地方了。因为在女儿成长的过程中，磕着碰着时她从不马上告诉我实情，都是自己先忍着。

我马上来到客厅，看到女儿正坐在沙发上看书，一副轻松无碍的样子。我拿过女儿的左手和右手分别看了看，除了指甲被剪得光光，没有发现任何可疑之处。我又扳起她的两只脚丫子看了看，仍然没发现有什么问题，除了脚指甲被剪短到不能再短。

我看看女儿，她笑而不语。我没再说什么就到书房忙去了。

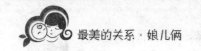

晚上，准备上床睡觉时，女儿忽然跑过来让我看她的左脚大拇指。

我一看，瞬间惊呆了，女儿的左脚大拇指已经肿胀得放着亮光。

"很疼吧？"我强忍着怒火说。

女儿点点头。

我赶紧拿了中药喷雾剂给她喷了几次。眼看着她龇牙咧嘴，又感觉不妥，就又拿了酒精消毒棉擦拭了半天。

女儿不再是轻松无碍的模样，她满脸痛苦状，显然脚趾很疼。

"怎么会这样？你是不是又剪脚指甲了？"我严肃地问。

"昨天剪的。"女儿很不好意思地说。

我赶紧打开好大夫网站，对照症状看来看去，初步确定是甲沟炎。

这怎么办？我要带着女儿立即去医院看看，女儿说能够忍受，明天再说。我一遍一遍给她的脚趾擦拭酒精棉，希望能减轻她的痛苦。关灯后，女儿翻来覆去睡不着，一直到夜里12点多才沉沉睡去。

第二天一早，我带着女儿去看医生，医生确诊是甲沟炎，然后开了一盒拔毒膏。回家后我立即按照医嘱把拔毒膏烘烤软化后贴在女儿的脚趾上。

不用我再多说什么了，只是这一次亲身经历，女儿就知道了指甲剪得太短可能会带来危害。相信她会记得这次遭罪的体验，以后再剪指甲的时候不再犯同样的错。

陶行知先生说，生活即教育。有时候，父母啰啰唆唆了大半天，说得再严重、再麻烦，都不如孩子的一次亲身体验。以前上思想品德课时，我经常会根据学生的心理特点，把教材内容结合生活实际创设一些情境，让学生通过情境中的体验、感悟和反思，不仅"懂了"而且"信了"，更重要的是知道应该怎样"做了"，以培养学生良好的行为习惯，让学生真正学会"做负责任的社会公民，过积极健康的生活"。

美国心理学家波斯纳提出：成长 = 经验 + 反思，丰富的生活经验和深刻的反思能促进孩子的成长。所以，只要不会造成严重的后果，生活中让孩子适当吃点苦头也是可以的。

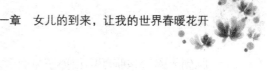

榜样的力量 —— 海舟哥哥和璇璇姐姐

近朱者赤，近墨者黑。对孩子来说，榜样的力量是无穷的。

在女儿的成长阶段，两个朋友家的孩子——海舟和璇璇，分别成为她不同的榜样。

海舟是个男孩，他的父母都很优秀，属于单位的佼佼者，家庭条件也不错，但他丝毫没有骄娇二气，而且优点多多，最突出的是他特别孝敬他的奶奶和爷爷。

海舟的爷爷奶奶都是农村人，淳朴善良、勤劳简朴，来到城市生活以后，生怕给儿女增添麻烦，总是想方设法帮助儿女干点力所能及的活儿。俩老人知道儿子和儿媳都工作很忙，便希望能为海舟做午饭，以减轻儿子儿媳的负担。但是，海舟的爸爸妈妈也不想给老人增添负担，就让海舟去学校的餐厅吃午饭。

有一次，海舟在放学的路上，忽然看到爷爷奶奶站在路边四处张望，而一看到海舟便笑容满面、两眼放光，拉住海舟的手紧紧不放。海舟回家后把这件事告诉了爸爸，海舟的爸爸沉思了一下，然后对海舟说："以后中午放学后你到爷爷奶奶家吃饭吧。"

海舟听从了爸爸的建议，每天中午放学后就到爷爷奶奶家。自从知道孙子要来吃午饭之后，俩老人不再像以前那样简单凑合着吃，而是一大早就开始买菜、择菜、切肉等一通忙活，然后做好饭菜，乐呵呵地等海舟放学回来。看到孙子津津有味地吃饭，两位老人都笑开了颜。他们也就不再

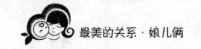

跑到大路旁东张西望和孙子见面了。

"让你爷爷奶奶有被需要、被依赖的价值感，他们在城里才会生活得更加安心。只要你爷爷奶奶身体状况允许，你就到他们那里吃午饭吧。"——这是海舟爸爸告诉海舟的。

海舟点头同意，而且无论奶奶做什么饭菜，海舟都大口大口地吃，让奶奶开心，一直持续到初中毕业。

海舟也从不挑剔衣物。虽然家庭条件不错，但是他从来不刻意追求穿名牌，妈妈给买什么衣服他就穿什么衣服。即便是穿着小店处理的 T 恤衫，也照样神采奕奕。

海舟学习很用功，不但以优异的成绩考入高中名校，而且还获得了奖学金得以出国留学。在国外他也很努力，仅用五年的时间就完成了两个硕士学业。因为他特别优秀，被国际大公司聘用，后遵从爸爸的建议回国发展。

女儿从小就经常和海舟见面，耳濡目染，从海舟的身上发现了很多闪光点，并把海舟作为自己的榜样，孝敬老人、不讲究吃穿，确定目标后努力向前。

同样被女儿当作榜样的还有璇璇。

璇璇是我同学的女儿，在她不到三岁的时候，爸爸因病去世，妈妈独自抚养她，比较辛苦。虽然璇璇缺乏父爱，但她心态阳光，从不与人攀比，也没有自卑心理。璇璇从小学习就很自觉自律，为了减轻妈妈的负担，她没花钱上过一个辅导班。每个寒暑假她都是自己制订计划在家学习、做题训练，遇到问题就打电话问同学或者老师，最终取得了满意的高考成绩。

璇璇在上大学期间一直很努力，不仅考出了教师资格证和驾驶证、会计证等，还坚持自学英语。璇璇大学毕业后被一家大公司录用，她工作认真负责，而且她的英语、写作等技能陆续派上了用场，深受单位重用。璇璇用脚踏实地和勤学苦干的精神，在社会上拥有了立足之地。这让我和女儿都钦佩不已。

　　爸爸的过早离世，没有让璇璇自怨自艾、自卑自弃，反而让她更加自立自强。多年来，只要我带着女儿回老家，一定到璇璇家住下。我们四个人一起聊天，一起享受璇璇妈妈做的美食，每次都开心不已。

　　海舟和璇璇虽然家庭不同、性格各异，生活在不同地域，但两个孩子却有相似之处：自尊、自信、自立、自强，不攀比，目标明确，踏实努力。女儿能与他俩认识并以之为榜样一起成长，也是幸运的事。

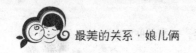

中考 12 科全 A —— 精心备战，从容应考

出于各种考虑，女儿选择到我所在的学校读初中。女儿的初中入学考试成绩并不突出，年级总共不到1000人，她的成绩排在137名，在班里也是排在10名之后。

我一直对女儿渗透这样的观点：在学习方面不必强求，班级排名只是一个参照，只要自己踏踏实实努力就没有遗憾。

升入初中第一次期中考试之后，孩子在学校的同事们都积极地关注成绩，分别找学科老师了解情况、分析孩子得失分原因等。而我一如既往地上课、讲评，或者待在办公室里干其他的活儿。"你可真能沉住气！"有同事笑言。

这是我做事的风格。我愿意女儿亲口告诉我她的考试成绩、经验教训和心得体会。然后，我会根据女儿告诉我的信息有的放矢地和她进行沟通，帮助她总结经验、汲取教训，争取在下一次考试中有所进步。

初一上学期时，女儿的各科成绩并不均衡，也不稳定，一旦某一科出现失误就会影响总成绩排名。每当女儿告诉我"这次考试很伤心"，我就知道至少有一科可能出现问题了。我会让她告诉我具体情况，然后分析点评一番。交流的过程中，我俩的情绪都很平静，语气措辞也与以往相同。总而言之，我想引导女儿：面对考试成绩，努力保持冷静。

尽管如此，初中三年，有那么几次考试还是让我大跌眼镜，也让女儿承受了相应的后果。

有一次期末考试，女儿根据答案估算的数学成绩与最终成绩有很大差异。她感到很委屈，但她不知道出现状况的原因，她甚至认为是老师统计错了分数。

我很清楚老师算错分数的可能性几乎为零，毕竟是天天与数字打交道的数学老师。我猜可能是女儿的答题卡出了问题，于是打算私下里调查清楚，消除女儿的疑虑。我找到了审阅答题卡的老师，然后从数堆答题卡里找到了女儿的答题卡。我拿着答题卡对照着答案一一查看，果不其然，女儿的答题卡上有4个题的答案顺延涂错了地方。因为涂卡错误，12分就被全扣掉了。

我把查询结果告诉了女儿。女儿满脸遗憾，但看得出她有所释然。"这次被扣分是粗心大意造成的，我自己承担后果。以后再涂卡时一定认真仔细。"女儿说。

虽然这次数学成绩不是 A 等级，但是，我相信，经历这次挫折之后，女儿的应考能力会得到提高。我说过，在初中阶段，中考之前的所有考试都是练习和锻炼。当可能出现的失误都出现在中考之前，那么，中考的时候基本上就能从容不迫了。见过大风大浪的人在风浪面前会比其他人从容淡定许多。对孩子们来说，考试也是如此。

考试中女儿涂错答题卡的事情再也没有发生过。可是，就在中考前的市级模拟考试中，女儿却再次犯了一个大错。还是数学学科，还是涂卡的问题。只不过这次是这样的：试题中有一道选做题，她感觉自己能做出来，就不断尝试，用了很长时间，结果却忘记涂卡了。而就在铃声响起，她快速涂卡时，监考老师瞬间就把她的答题卡收走了。12个选择题，女儿只涂了5个答案，眼睁睁21分就没有了，当时女儿就流泪了。

后来，女儿对我说："我用乞求的眼神看着监考老师，希望他能给我点时间把卡涂完，可是他理都不理，一下子就把我的卡收走了。"

我说："监考老师做得没错，你坐在第一排，发卷的时候从前往后发，收卡的时候当然也会从前往后收，这样才公平。"女儿无奈地叹口气。

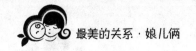

　　我又说："这次事件会给你留下深刻的教训，你一定要引以为戒、下不为例！以后万一再出现这样的情况，你要做的不是祈求别人开恩，而是尽一切力量弥补过失。"

　　女儿这次考试又丢了这么多分，班级排名可想而知。好在女儿的心理素质已明显提高，对下一次考试仍然充满信心。

　　到初三下半年时，女儿的学习成绩基本是稳步前进的，最好的成绩是班级排名第四。我对女儿说，这次考试成绩只能证明你前段时间学习的努力，从另一个侧面也说明你是有潜力可挖的。女儿和我有相同的认识，没有骄傲，只是按照各科老师的要求和计划保持自己的学习进度。

　　中考前，我私下里对女儿顺利考入心仪的高中是有信心的，因为初二下学期地理和生物的 WAT 考试（学业水平考试）已经说明了问题。

　　我在《最美的关系》一书《依恋陪伴》一文中讲过，进入初中后女儿一直住校。直到初二下学期地理生物 WAT 考试前夕，女儿对我说，她感觉自己获得 A 没有足够把握，想晚上回家再做点题巩固一下。

　　我和女儿的班主任沟通以后，尊重了女儿的意见。每天晚自习后我会接她回家，她根据自己的计划再做一些练习题，但按时休息，直到六月份 WAT 考试。

　　在 WAT 考试之前，我曾经对女儿说过："告诉你小组的同学，如果都考出满意的成绩，我请你们吃饭。"女儿是小组长，小组内的同学都很团结向上。

　　考试结果是女儿获得了地理、生物的双 A。而且，不但她获得了双 A，她小组里还有两位男生也获得了双 A。我要履行承诺请女儿和她的小组成员吃饭，女儿说："他们说不用吃饭了，都不好意思啊！"女儿最终只是拿了一些好吃的分给了大家。这件事让我觉得，一个小组内的学习氛围和精气神是很重要的，每个人都积极向上不断努力，一定会有大大的收获。

　　中考如期来临。我对女儿说："精心备战后就没什么可紧张的，正常发挥就可以了。"整个考试过程，女儿都很从容。她的中考成绩是12科全A，这是我不曾敢想的。

　　有人说，一件事只要坚持得足够久，"坚持"就会慢慢变成"习惯"。原本需要费力去驱动的事情就成了家常便饭，原本下定决心才能开始的事情也会变得理所当然。对女儿这个年龄的孩子来说，激发其内在的学习动力非常重要，同时要让孩子知道：别人只是参照系，最重要的是和自己比较，针对实际情况不断查漏补缺，一步一个脚印循序渐进，既做到精心备战，又做到从容应考，无论结果如何都没有遗憾。

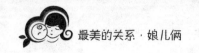

高中考试失利 ——"学霸"光环消失

女儿以全 A 的中考成绩进入高中，难免会被高中的老师和同学冠以"学霸"的美名，因为在1600名高一新生中，全 A 的学生也就200多个。

但我深深地知道女儿的实力，更了解有些学生只是因为体育没有获得 A 等级或者某些学科出现失误仅仅离 A 等级相差极少的分数而已。所以我对女儿说："你要做好思想准备，虽然你是全 A 进入高中的，别人可能会把你当学霸对待，但你心里一定要有正确的认识，以免产生失落感。"

女儿笑笑说："我知道。我班里就有两个不是全 A 的'学霸'，他们都是因为体育没有得 A，但是各科成绩都是很优秀的。"听到女儿这样说，我就放心了。

可是，孩子毕竟是孩子，当高中第一次考试女儿的年级排名在200多的时候，她还是出现了低落情绪。我知道后正想找个契机跟她聊聊，万万没想到她爸爸的一个举动把本来就有些失落的女儿一下子沉入了沮丧谷底。

原来，趁女儿在学校的空儿，她爸爸收拾书桌时把她引以为傲的全 A 成绩单当作垃圾扔了。这是女儿一段历程的战果，也是一段非常美好的记忆。如果是我也会好好珍藏的，何况一个15岁的孩子！可是，她爸爸好像不懂这些，也缺乏尊重的意识，不问明情况、不经过允许就将其当作了垃圾，女儿难免感到气愤和伤心。当发现女儿在 QQ 签名上表达了难过的情绪后，我觉得是时候跟她好好谈谈了。

我首先跟女儿的班主任张老师取得了联系，表明了意图。张老师是一位认真负责的资深班主任，很了解女儿的状况并表示支持。

于是，晚自习之后我接女儿回家。在回家的路上我俩就开始聊天，这是我俩的习惯，从她上小学开始我们就无话不谈。这一次，我主动说起了考试成绩和"学霸"光环的压力，女儿也积极回应，表达了自己的全 A 成绩单被当作垃圾扔掉后的遗憾、自己被同学老师当作"学霸"的小欣喜和第一次考试排名落后的失落感，以及自己对今后学习生活的信心和勇气。

听女儿主动说了这么多，我感到很欣慰，觉得自己再说其他已是多余。然后，女儿又跟我聊了一些同学的趣闻逸事，我俩都嘻嘻哈哈的，很快就到了休息时间。我想再陪伴女儿一段时间以帮助她疏泄不良情绪，所以睡前我说："这两个星期晚自习后，我都接你回家住吧。"

女儿摆摆手，说："不用，不用。"

我说："反正我下班后也没什么事儿，每天接你回家很有成就感。"

女儿很认真地摇摇头，说："真的不用，我在学校挺好的。"

我知道女儿是心疼我，不想让我每天早起晚归，但看她这么坚决，我也就不再勉强了。

这个小风波就算结束了。我觉得孩子真是了不起！一个刚刚15岁的小女孩，既要面对自己考试失利和来自老师同学的议论纷纷，还要忍受爸爸扔掉自己具有特殊意义的全 A 成绩单，短时间内调节好自己的情绪是很不容易的，何况还要一边调节情绪一边投入到紧张的学习中去。

女儿进入高中后的第二次考试成绩依然不太理想。我认为这很正常。新学校、新学科、新老师、新的教学方法，对于初中时习惯于被老师时时处处安排学习任务的他们，要比那些自学能力很强的学生适应起来慢一些。很早的时候我就对女儿说过，能在半年内完全适应高中生活就算不错了。事实证明，我的预估是正确的。除了个别学生，女儿原来的初中同学普遍面临着同样的问题：等待老师安排作业的时候多，主动找老师问问题的时候少。等大家都发现了这个问题，这个问题似乎也就不是问题了。

但是，她爸爸却异常着急。女儿考了全 A 时亲朋好友说些恭维祝贺的话是人之常情，至于那些"能考清华北大"的说法，我想只是人们的美好

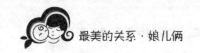

祝愿罢了。可是，她爸爸似乎当真了，以为女儿确实有巨大的潜力可挖。

于是，面对女儿两次不尽如人意的成绩，她爸爸立即采取了措施：买了两本《中学生思维导图学习法》，让女儿和他一起学习。

其实，那个时候女儿能调整好自己的心态和节奏，在学校里能及时完成老师们布置的作业，还能抽时间根据自己的实际情况及时查漏补缺就已经不错了，哪里还有时间和爸爸一起学习新书呢？

不出所料，女儿根本没有时间学习她爸爸寄予厚望的那本书。她爸爸知道后很生气地批评了她，还说了一些对她很失望的话。在学校里已经够忙碌的了，好不容易两周回家一次又遭到爸爸劈头盖脸的一顿批，女儿的心情一落千丈，那个周末过得很沮丧。

我当然不能袖手旁观，我悄悄地找女儿的班主任进行沟通，尽力携手让这件事的坏影响短时间内尽快消失。班主任找女儿谈话，并进行了分析和鼓励。还好，女儿得到了安慰，又鼓足了前进的勇气。

女儿的成绩出现重大转机是在进行选课走班以后。女儿针对自己的实际，结合老师和父母的意见建议，自主选择了物理、政治和历史。这种选择让很多同学大吃一惊，因为有不少学生认为物理和政治是两个比较难学的科目。但分科走班后的一次考试，按照新高考的方法换算出来成绩，女儿排在了全校141名，这是入校以来她获得的最好成绩。女儿当然很开心，但也比较平静。

我说："事实证明你选科选对了，同时也说明你是有潜力的。"

女儿倒是很有自知之明，她说："可能这次考试有些'学霸'出现失误了吧。"

我开玩笑说："是不是穿着大裙子心情很舒畅（关于女儿的大裙子，我会在另一章里叙述）的缘故？"

女儿笑道："可能是吧，反正那段时间我感觉学习很有意思。"

女儿也从这次考试中获得了信心和力量，各个方面基本进入了比较好的状态。虽然原先的"学霸"光环不复存在，但女儿拥有了更加良好的心态。

　　在孩子的学习成绩方面，家长持有恰当的期望值和良好的心态非常重要，这是对孩子进行正确引导、及时帮助、适时鼓励的前提。不知道女儿的高考成绩会怎样，但我已经做好了心理准备，也多次对女儿表明：只要该努力的时候努力了，无论高考成绩如何，都没有遗憾。

　　没有遗憾的日子不就是最好的日子吗？

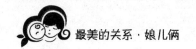

有主见 —— 你的快乐你做主

在某些休闲场所，可能会看见这样的景象：一边是孩子歇斯底里地大喊大叫或者默默地低声啜泣，一边是年轻的爸爸或妈妈怒不可遏地厉声呵斥："带你来这里是想让你快乐的，谁让你的要求那么过分呢！"

有时候，还会遇到一些满腹无奈甚至忧伤的家长，他们的心声几乎一样："我让孩子这样那样，是为了让他更加快乐地成长。没想到，孩子不但不领情，反而闹情绪表现得很不高兴，亲子关系弄得很僵……"

曾经看到网上有人发帖问道："要孩子是为了什么呢？传宗接代、实现做家长的梦想？还是为了防老、为自己耄耋之年准备一个拐杖？"我相信大多数人的想法不是这样的。心存美好地孕育一个小生命，然后又满怀期待地迎接这个生命的到来，过程可能顺利，也可能费尽周折，但无论过程怎样，都得参与这个生命的萌芽和成长。我也相信，绝大多数人对这个新生命的第一反应就是想尽己所能地让他(她)生活快乐。

那么，我们做父母的究竟应该做些什么，才会真正地帮助这个生命一如既往地快乐成长呢？

一棵小树，需要滋润的时候给它浇水，需要阳光的时候就不要再为其遮阳，只有这样才不至于因为水多涝死，因为缺少阳光而长得不茁壮。同样的道理，孩子作为一个成长的生命，也会有自己的轨迹和需求，在孩子需要的时候，家长及时给予帮助和照顾，或者尽力创造条件让他自由选择、决定，孩子才会获得真正的快乐。

有一件事情让我印象很深刻。有一年国庆节的第一天，女儿早早起床，吃罢早饭后就坐在桌前写读后感——这是学校布置的作业。她爸爸想带着她出去玩，女儿拒绝了。

她爸爸生气地说："国家在今天放假就是让人们上街玩的。你坐在家里写作业有什么意思？我想让你过得快乐！"

听他这么说，当时我就不乐意了，我说："你怎么知道孩子写读后感的时候不快乐？她前一天晚上刚好把老师要求的书读完了，趁脑海里很多感悟的火花闪现时立即写下来不是很好吗？她在书写时所拥有的快乐，难道会比跑到大街上看人来人往少吗？"

大人们以为的快乐，很多时候只是自己的感觉。父母觉得这样快乐，如果孩子不这样就不快乐——无论从哪个角度说这种观点都是完全错误的。抛开社会的发展、时代的变迁所带来的差异不谈，仅仅就孩子来说，每个年龄段都会有其独特的快乐。大人们把自己的想法强加给孩子，不但不会使孩子快乐，反而会给他获取快乐的能力套上可恶的枷锁。

记得女儿升入初中的那年，我发现她特别喜欢 TFBOYS 中的王俊凯。在那之前，我只知道 TFBOYS 是一个少年组合，歌唱得好，舞跳得也不错。在看到女儿的手机屏保、QQ 头像、床头海报等凡是能表达心声的地方都有王俊凯的照片，甚至因为某个同学不喜欢王俊凯，她就不喜欢对方的偶像时，我知道，不管女儿是否已经情窦初开，可以肯定的是她开始追星了。适当地追星无可厚非，但在女儿这个年纪盲目追星会给生活带来不少坏处。于是，我开始关注 TFBOYS，热情地和女儿一起观看他们的节目，一起评论三个男生的长相和他们的学习成绩。我甚至直接表达了自己对这三位男生的长相、性格以及发展方向的预测。在我的引导和渗透下，渐渐地，女儿对自己喜欢的明星有了全方位的认识，不再像开始时那样狂热，追星的问题也在悄无声息中解决了。而在我引导女儿正确追星的过程中，女儿一直是快乐的。

生活中类似的事情还有很多。例如女儿读高二的时候，忽然有一天，我收到一个快递包裹，拆开后发现竟然是女儿悄悄网购的一条价格不菲的

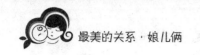

灰色大长裙。裙子是针织化纤面料的，拿在手里感觉沉甸甸的，穿在身上除了宽松似乎谈不上舒适漂亮。我无法想象，她身穿蓝色校服上衣和灰色大裙子走在校园里会是一幅什么景象。

等女儿回家的时候，我说了自己的意见：我并不觉得她的大灰色裙子好看。她只是静静地听着，不置可否。等回学校的时候，却依然穿上了那件大裙子。我不认为这是逆反，觉得女儿可能只是很喜欢。

那段时间的一次大型考试中，女儿获得了前所未有的好成绩，我和女儿开玩笑说："是不是好成绩的取得与穿大长裙有关系呢？"

"嗯，也许是吧！"女儿笑着说。

"你穿着这样的大裙子，你的老师没有给什么意见吗？"我问。

"班主任问过我：你觉得穿这个裙子好看吗？"她说。

"你是怎么回答的？"我想班主任的观点应该和我是一致的。

女儿说："我只是笑，不回答。"

"其实，老师是在委婉地提醒你不穿大裙子呢！"我说。

"嗯，我知道。"女儿说。

我不再说什么，我想只要学校允许，她喜欢穿就穿吧，穿着自己喜欢的衣服一定会感到快乐。而且，我一直担心她天冷后不穿保暖裤会冻着腿，现在要穿裙子就必须穿打底裤，无论穿裙子好看与否，这个冬天她的腿是得到保暖了，想到这一点我心即安。后来，我又收到一个快递包裹，是女儿网购的一条米色大裙子，样式和那条灰色的一样。她那条灰色的大长裙已经满是球球了。

就这样过了大半个冬天，有一次女儿再回家时竟然不穿大长裙了。原来，有一天她穿着大裙子走在校园的时候，忽然被副校长叫住了。副校长问："李懿霖，除了这个大裙子，你是不是就没有衣服穿了？"

女儿知道这是副校长在委婉地批评她不穿校服，其实学校是提倡也要求学生穿校服的。即便是有些女生嫌校服裤子不太好看，也只是穿黑色的长裤代替。校园里除了个别艺体生穿裙子，像女儿这样穿大裙子的估计不太多，所以她就引起老师们的注意了。从那以后，在学校里，女儿就不再穿大裙子了。

我们让孩子来到这个世界，既然不仅仅是为了将来有依靠或传宗接代，还要这个生命能够快乐地存在、有能力创造自己快乐的未来，同时让我们有机会享受到和他同行的美好，那么，请家长们放低姿态甚至蹲下来，看看孩子在想什么，问问孩子有什么需要帮忙的，用心真正找到使孩子快乐的方式方法。

不要再以爱的名义，给孩子想要的快乐套上枷锁；不要再高举爱的大旗，不断扼杀孩子发现和获取快乐的能力。现在的孩子最需要明白快乐的真谛、提高获取快乐的能力，我们做家长的又何尝不是呢！

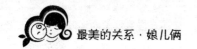

遭遇早期肺癌 —— 不念过去，不畏将来

2017年11月28日，我参加了单位组织的肺部低剂量螺旋 CT 检查。在那之前，我偶尔咳嗽、吐少许黄痰，只要连续上三节课就感到疲惫不堪。我觉得自己很累：初三毕业班的课程紧任务重；接受出版社和新华书店的邀请，参加了李木子的秘密系列三册书的读者见面会；去三所学校进行了公益讲座，说话太多。

12月12日下午课间，我收到了查体结果：右肺下叶后、内基底段有小的磨玻璃结节，占位，建议抗感染治疗后复查。

一看到"占位"两个字，我的心就咯噔一下子，曾经的护理经验告诉我，"占位"可能预示着"肿瘤"。我赶紧把查体结果拍了照片发给好友高医生。高医生打电话让我到查体医院找影像科的岳医生详细了解情况。于是，放学后我立即驱车来到医院，几经周折见到了岳医生。岳医生忙完后让我坐在电脑前，用鼠标标示着图片让我看。我看到了一个类圆形的与周围颜色不太一致的小东西。

"这就是那个磨玻璃结节。"岳医生说，然后转动鼠标，让我连续看了结节的几个画面，同时从结节的密度等各个方面进行了分析和讲解。

"有可能是早期肺癌。"岳医生望着我，轻轻地说，"不用害怕，很幸运这么早就发现了，是可以根治的。你可以观察一个月再来复查一下，那时候再决定处理方法。"他又补充道。

我这是第一次看到磨玻璃结节，也是第一次听说早期肺癌。

告别岳医生，我驱车回家，虽然心里很不愿意相信这个结果，但是理智告诉我这很可能就是真的。因为我从岳医生的眼睛里看到了一种因为医生的专业责任而必须把问题及时如实告诉患者的神圣。

回到家，我打电话把情况告诉了高医生，她让我明天一早到她所在的医院抽血检查。第二天一早，我如约到医院抽血化验后就到学校上课了。下午，高医生把化验单结果拍照片发给我，说有细菌感染，让我吃消炎药。几天后，肿瘤标志物的结果也出来了，都很正常。

也可能只是细菌感染引起的炎症吧，我安慰自己，盼望这个"早期肺癌"是虚惊一场。

12月25日，我预约岳医生去进行 CT 复查。这次是弟弟和我一起去的，如果复查的结果就是"早期肺癌"，那么，他和我一起听听岳医生的说法要比我转述明白得多。

从 CT 室出来，我看到的是弟弟和岳医生严肃的表情。我知道，那个预示"早期肺癌"的磨玻璃结节可能没有什么变化。

确实如此。岳医生又让我和弟弟看了"肺癌诊断指南"，告知了一些微创治疗早期肺癌的办法，认真写了诊断意见，建议我再找上级医院的专家确诊一下，并推荐了两个影像专家。

告别岳医生回家，我的心情比较复杂，我从来没有想过自己会患癌。但是最近几年，我确实有扛不住快崩溃的感觉。木心先生说："从明亮处想，死，是不再疲劳的意思"，我竟然深有同感。可是，女儿才15岁，刚刚上高一。以后她上大学、找工作、谈恋爱，甚至结婚生子等重要阶段，如果缺少了我的陪伴实在是让我深感遗憾！

但我知道，在接下来的日子里，我首先要做的就是：确诊这个磨玻璃结节是不是早期肺癌，要不要手术切除。

第二天，我到单位请好假，回家后就开始上网搜索"磨玻璃结节"，然后就发现了上海谢医生的文章《遇到肺磨玻璃结节莫惊慌》，文章语言幽默、有问有答、图文并茂，让我很快就比较全面地了解了有关磨玻璃结节的很多知识，比如形状性质、检查方法、手术方式等。通过谢医生的文

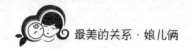

章，我还知道了"好大夫在线医疗平台"。我立即下载了"好大夫"，把自己的检查结果和磨玻璃结节照片分别发给了上海的影像科孙医生、胸外科谢医生和北京的胸外科黄医生。我知道他们都很忙，不可能立即回复，而对急于知道结果的我来说，先收到谁的回复都是一颗定心丸。然后，我一边继续阅读医生们的文章，翻看他们与患者的在线问诊对话，一边等待他们的诊断意见。

过了几天，我陆续收到了医生们的回复，谢医生："早期肺癌，尽快微创手术切除。"黄医生："建议手术切除。"孙医生："消炎复查，如果3个月后还没有吸收就应该手术。"同时，朋友找的北京另一所医院胸外科的范医生也发来了看片意见："结节风险性较高，建议手术切除。"

结论很清楚了：早期肺癌可能性极大，需要手术切除。考虑到实际情况，家人建议到范医生所在的医院手术，我立即到北京办理了住院手续，排队住院。

在这期间，女儿每两周回家一次，她对我生病的事一无所知。我俩依然像以前那样躺在床上天马行空地聊天。同时，"不经意"中，我和女儿重温了她陪我买过的那些衣服和首饰，告诉了她首饰清单和收纳地点。我还把自己的图书出版合同和存折拿给她看。当然，我都是以自豪的语气说的："你看，这都是我这些年努力学习、业余写作的成果。"

新年即将来临之时，我接到了医院的住院通知，但我婉言谢绝了。因为如果年前做手术，想保密是不可能的。而我想让女儿有一个轻松愉快的寒假，想让年过70岁的老父亲平静地过春节，所以，我让知情的家人保守我要手术的秘密，我想等手术后恢复一段时间再告诉他们也不迟。到那个时候，看到已经康复的我，即便知道是"肺癌"，他们也不会再担惊受怕了。

病情基本确定之后，我开始静心做事。2018年2月10日，按照之前与出版社和新华书店的约定，我到山东书城与读者见面，并进行了一个多小时的公益讲座。回家时我还拿到了出版社印好的新书《谢谢你讲给我听——写给少男少女的成长书》的清样，并在去北京复查前把书稿清样全部看完，然后寄给了责编。

3月初，女儿假期结束开学返校了，我决定到北京找范医生复查。因为我早就搜索并关注了他所在医院的微信公众号，所以通过公众号很容易就提前挂到了他的门诊号。如约到北京做了CT，结果显示结节没变，炎症彻底排除，准备手术。同时，我告知了范医生自己的生理周期，以方便他安排手术时间。

回家等住院通知的日子，我做了两件事：收拾好行李，随时准备去北京；给女儿写了一封信，安排了万一我发生不测后的一系列事情。写那封信的时候，我忍不住流泪了，那是我从知道自己患早期肺癌后唯一的一次流泪。

再次接到住院通知后，我立即启程赶往北京，顺利办好住院手续，按照医嘱做了各项术前检查。4月10日上午，胸外科刘主任、范医生等为我做了楔形切除手术，术中病理是肺腺癌。第二天拔尿管后我就开始下床活动，四天后拔了引流管，经医生评估状态良好，我出院回家。

回家后，知情的几个好友不但把我的冰箱冰柜全部填满，吃的喝的一应俱全，还轮流来为我做饭。高医生隔两天就利用休息时间来给我的引流口消毒换纱布、陪我聊天。那段时间，我的身心温暖如春天。

终于等到女儿回家的日子。因为学校实行分科走班制，年级重新编排班级，她放学后先去和原来班里的女生们吃散伙饭。我盼望女儿早点儿回家。虽然去北京时间不长，但我觉得自己顺利完成了一件大事，我想早点让女儿看到我坚强的光辉形象。我想告诉她，我到北京做手术了。可能是孩子们要分别了都恋恋难舍，直到晚上10点多女儿还没有回家，我就先睡下了。

第二天，看到女儿醒了，我来到她的床前说："你知道吗？我到北京做手术了。"

很意外的，女儿很平静地回答说："我知道啊。"

虽然我有些吃惊，但没再说什么，我想等她考上大学之后再告诉她我是早期肺癌的事。我觉得到那个时候，关于生死，她会有更加客观理智的

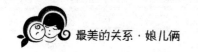

认识。在以后的日子里，有知情的朋友前来探望，只要女儿在场，我从来不提肺癌这两个字。

事实证明我这样做是多余的。暑假里，因为我要保持自己的作息习惯，按时起床吃饭、外出锻炼，这与女儿的作息很不一致，我想让她明白我这样做的原因，所以那天我问她："你知道妈妈是因为什么去做手术吗？"

没想到女儿说："知道啊，不就是肺癌吗？"

看她风轻云淡，我也顿时释然。看来，这个让人谈之色变的肺癌并没有成为女儿心头的炸弹。

后来，我陆陆续续告诉女儿我得肺癌的原因，抛开医学层面的因素不谈，我自身因素有若干：从小体弱，记忆中每年的冬天都会感冒、吃药或者打针；2008年遭遇工作和家庭双重重大变化；母亲和哥哥等亲人离世过度悲伤；寄宿制学校劳动强度和精神压力大；没好好吃饭和锻炼……我想让女儿明白：我生病只从自身找原因而不抱怨任何人，怀念离世亲人最好的方式是好好爱自己。

我还告诉女儿，文字是有力量的，这次治病经历让我更加确信这一点。我觉得自己之所以能够十分信任医生，接受医生给出的治疗方案，能够平静地躺到手术台上，能够坦然地接受肺腺癌的病理结果，是因为在这之前，我已经阅读了很多关于磨玻璃结节、早期肺癌和胸腔镜手术的文章，看到了很多接受过手术的早期肺癌的病例资料。我想让女儿知道：人生病之后不要讳疾忌医、听信传言，而要从专业医生那里学习了解与病情有关的知识以帮助自己做决定、拿主意。

2018年6月，我的《谢谢你讲给我听——写给少男少女的成长书》正式出版发行，书的封面是一个羽化成蝶的女孩，就恰如手术后的我。我多次对女儿说，不是谁都有机会破茧成蝶，也不是谁都懂得珍惜蜕变的机会。我是幸运的，单位查体让我获得了早发现病灶的宝贵机会，有火眼金睛的医生为我及时确诊，让我少走很多弯路，有妙手仁心的医生为我精准手术排除了后顾之忧，有真心实意的亲友呵护照顾陪伴，让我备感幸福。我会好好珍惜这份幸运：不杞人忧天，不盲目乐观；积极正规治疗，主动自我改变；调整好心态，调控好情绪；不念过去，不畏将来，珍惜当下，不负韶华。

我还对女儿说：我会好好照顾自己，你不用担心。你在学校里努力学习，同时也要照顾好自己，别让我担心。我不会因为你一次考试成绩失利就惊慌失措，你也不要因为一次好成绩就沾沾自喜。心平气和、脚踏实地地努力做最好的自己。

我想用行动告诉女儿：听天命之前要尽人事。能做的自己都努力做了，无论结果怎样都没有遗憾。

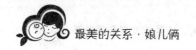

也算遗嘱 —— 写给女儿的信

记得有一次我和学生们一起探讨有关继承权的问题，当学习了遗嘱继承优先于法定继承等知识之后，我说："希望你们把今天学到的知识传播给家中的大人们，提醒他们早做准备；或者你们长大以后记得早立遗嘱。"

那群未经世事的孩子可能觉得立遗嘱是一件非常遥远的事情，都面无表情，无动于衷。

但是我并没有开玩笑，而且当时提到"遗嘱"两个字时，我还突然感到心如针刺一般的痛。因为我想起了哥哥气管插管前用力手写的那两个字：坚持……有多少话，没有说，没来得及说，不能说了；有多少事，没有做，没来得及做，不能做了。如果在被告知哥哥病情严重的时候，我就和哥哥说明实情，他也许就会通过写字告诉我们，他是否愿意遭受浑身插满管子的折磨，万一出现不测时他愿意穿着什么衣服、以怎样的方式与世界告别，他还有什么事情需要我们做……可是，听到医生死刑判决一般的说法，我只有心痛和万般不舍，只是强忍着悲痛和恐惧，眼睁睁看着哥哥遭受病痛的折磨。我极力掩饰着情绪，一遍一遍地鼓励、安慰着哥哥，让他努力坚持，坚持到医生找到病症的原因和救治方法，坚持到医生找到最合适的药，坚持到药有效……可是，无可奈何又无能为力中等来的仍然是哥哥的去世，我们只能按照习俗处理后事……

所以，在即将去北京做手术的那个初春的夜晚，我思绪万千却也异常清醒，我给女儿写了一封长信，严肃地写下了我的遗嘱。

亲爱的凡子：

　　妈妈因为肺部结节需要到北京的医院做手术，手术不复杂，但也存在一定风险。在去北京之前，妈妈有些话要对你说一说。

　　虽然妈妈32岁才与你相见，而且还是在永远失去你姥姥的第61天，但是，你的出现让我感到非常幸福，因为你，我的人生变得很丰盈。我们互相陪伴的这些年，妈妈感到非常快乐也非常欣慰。目前看，你已经成长为一个善良、胸怀宽广、乐于助人、有思想、阳光开朗的女孩子。如果妈妈手术有什么意外，可能就不能继续陪伴你了，虽然非常遗憾，但是，妈妈相信你一定能幸福地度过以后的日子。而且，一想到每当你想我的时候，可以看看妈妈写的书，想想妈妈在书中想告诉你的那些话，妈妈就感到幸福无比。

　　每个人的生命都有开始和结束，只是结束前的时间长短不同而已。如果在生活的时间里，既好好爱自己了，也善待他人了，努力过、奋斗过，无论结果如何，这个过程都是美好的。

　　在过去很长一段时间里，妈妈没有好好地爱自己，以至于给了疾病可乘之机。所以，凡子，无论今后的生活遇到什么，你一定要好好地爱自己：好好吃饭，注意冷暖；能改变的改变，不能改变的勇敢面对；遇到事情可以听听别人的意见，但绝对不能委曲求全！过自己的日子，做真实的自己，远离攀比虚荣之人，远离心理灰暗之人！不是任何人都能成为朋友，朋友不在多，几个知心即可……想说的很多，平日里我也对你叨叨过，总之，妈妈相信你一定会好好爱自己的！

　　妈妈的所有首饰，几乎都是咱俩一起购买的，它们的价值你也知道，当时就说过以后都是给你的，你也知道它们放在哪里。妈妈的所有衣服，特别是比较贵重的，几乎也是咱俩一起买的，

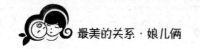

你喜欢的就留着。这些首饰和衣物，是纪念也是陪伴。当妈妈的音容笑貌不复存在，不能再替你挡风遮雨，但灵魂和精神会因为这些首饰和衣物的承载，与你常常相伴甚至给你温暖。

妈妈已经出版了七本书，与这些书有关的一切都由你继承和处理。妈妈是再普通不过的人，只是因为经历过许多事，有许多体验和感悟，喜欢业余时间通过码字表达想法和疏泄情绪，于是就有了一些文字。如果这些体验和感悟能给喜欢静心生活的人们以警示，哪怕只是温馨提示，从而少走弯路、减少烦恼，那也是非常值得的。我相信，不用等快餐文化销声匿迹，一定会有越来越多的人喜欢阅读纸质书。希望你能保护好与这些书有关的一切。

记住，一旦我发生不可逆转的病情，请务必冷静。只要医生给出了期限意见，不要气管插管、切管，不要再进行各种抢救，让我有尊严地静静走。火化前不必穿传统寿衣，穿我自己喜欢的服装就好。如果可以树葬，就把骨灰埋在方便你找到我的树旁。如果你远走他乡，就抽空把骨灰撒在沂山上。当然，海葬也行，虽然我不喜欢海。

最后，有些话我还要再强调一下：

1. 无论何时都要爱惜自己的身体，这是实现梦想、创造价值的前提，自己身心健康，才能更好地承担责任、履行义务。

2. 不要依靠别人来获取安全感，将来你不但要经济独立，更要精神独立。有人愿意挣钱让你花固然不是坏事，但不能认为那是天经地义。你独立自主才能更好地爱别人也爱自己，不依赖就没有失望和伤害。你现在所有的努力，都是为了让自己更优秀，更有能力获得经济价值，从而成为更独立的自己。努力后你会发现，放眼望去，全都是自己喜欢的人和事。

3. 少管闲事，助人为乐要量力而行，不让自己卷入各种是非的旋涡，才能有精力帮助更多的需要你帮助的人。

4. 如果遇到一个男孩之后，你感到更快乐，在他面前你可以安心做自己，你变得更加自信、更加优秀、更加热爱生活，那么你可能遇到可以携手一生的人了。但无论你有多么爱对方，都不要把自己的翅膀折断让他替你飞翔，最好的方式是互相扶持、比翼双飞。一定要果断并坚决地拒绝心穷、胸怀狭窄、不孝敬父母的男人，这种人不但不能为你遮风挡雨而且还会为你制造各种风雨。

5. 无论是学习还是工作，接纳自己也接纳别人，一旦决定就接受所处的环境，无论身处顺境还是逆境，尽量安之若命、处之泰然。如果不喜欢现状，接受现实后尽力创造条件改善。

6. 安心做自己，继续保持单纯善良的心，淡泊名利，不戴面具不讨好别人，把精力用在充实自己上，做自己喜欢又有意义的事。

7. 如果情况允许，尽可能远离势利眼、玻璃心、妒贤嫉能、浑身公主病、任何事情都斤斤计较的女人，和这样的人相处你会感到很累，还可能后患无穷。

8. 坚持读书，去繁就简，学会欣赏简单的事物，学会从书中、从最平常的生活经验中找到新的乐趣，从平凡之中领略人生的美。可以继续通过文字记录，分享自己的思想和感悟。

9. 尊重他人，无论出身、地位、种族等，都以平等和爱心对待。虽然可能会看到很多丑陋的人，但仍然要从丑陋中看到其善良的一面。心存善意，才能遇到更多美好。

10. 及时疏泄不良情绪，不惮真情流露，欢乐时可以高歌，悲伤时尽情落泪，只要不影响、不危害别人。你可以充分利用弹古筝、绘画、写作等技能，业余时间修身养性。

11. 既要脚踏实地，也要仰望星空。干好本职工作，有赖以生存和生活的物质保障会让你心里踏实；时常仰望星空，努力实现梦想，会让自己拥有富足的精神和心灵。

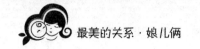

12. 尽己所能承担，顺其自然发展。不是因为成长了才去承担，而是因为承担了才会成长。越愿意承担，越能成长；越快成长，越有能力承担。但是，承担前要倾听自己的心声，反思自己的能力，学会判断取舍，舍弃超出自己能力的那些事情。

凡子，妈妈非常非常爱你！你一定要好好爱自己！要从心底接纳自己，爱惜自己的身体，尊重自己的感受，认同自己的价值，正视他人的赞美和诋毁，安心做自己。自己好好的，才能好好地爱父母、爱孩子、爱所有值得你爱的人。

亲爱的凡子，世界一直就是这样：真与假同在，善与恶并存，美与丑共生。当你不能远离假恶丑时，一定要坚守心底的真诚和善良。喜欢种花的人周围会芬芳四溢，擅长种刺的人身边会荆棘密布。你的人生道路是铺满鲜花还是布满荆棘，真正起决定作用的是你自己。

亲爱的凡子，你正值青春年少的美好时光，未来的路还很长。妈妈希望你记住饶毅先生在复旦大学研究生毕业典礼上讲过的话：

学会与困难共舞，在逆境中舞出情怀，在顺境中舞出精彩。

人生穷乏处，达观自爱，追求崇高，不在乎得失，只要境界脱俗；人生得意时，忧乐天下，正道直行，不在乎伟大，只要乐在其中。

妈妈

2018. 3. 8

第二章

妈妈的陪伴，
让我的生活精彩无限

诗意童年

雪·月

雪，纷飞

月，幽远

雪花飘落似羽

冰盘悠然若潭

雪，纷纷扬扬

月，深深远远

雪月相融

如梦似幻

如母之目

深沉似海

莲花池记

独自漫步莲池边

数粒水珠扑面

疑雨落

抬眼

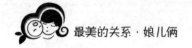

却见群莲争艳

亭间

拨弄琴弦

琴声悠然似山涧

忽

弦崩琴哑

抬头望灰天

倚亭饮酒

悲噫！悲噫！

那一抹星光

流年在我身边

时光在我眼前

那一抹星光

击碎我清晰的视线

四季皆有落叶

从马路到沧海至心田

动摇我久封的心

湿润我久涸的眸

那一抹星光

透出我身边的流年

那一抹星光

幻出我眼前的光年

陪我徜徉在星空下

陪我游戏在竹林边

陪我游逛在大海里

陪我解读心田

我是不打伞的少女

行走在半梦半醒之间

我期待那一抹星光

给予我更棒的流年

（以上小诗是小学五年级时所写，均发表在《潍坊广播电视报》上）

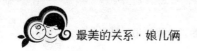

青春印迹

微　笑

再回到那个校园，墙壁上依旧爬满了青藤。有一个位置，每当我坐在那里，总会想起她背着光，阳光在她背后和头发上洒下一层金色的波浪，还有黑暗中那一双闪着星星的眼睛……

六年级，清风徐徐的春天。陈旧的教学楼布满了青藤，时间在流年中旋转着，不敢有丝毫怠慢。毕业的感伤，升初中的压力，无形中让气氛变得很是压抑。

数学成绩并不突出的我，终于在一次失败的检测中，点燃了老师的怒火。老师重重地将试卷摔在讲台上，说着"整天除了追星还会干什么""别不把心思用在学习上""做无用功"之类的话。老师还说了什么，我没听进去，只是在一片寂静之后，我听到了同学残忍的哄笑声。

我坐下来，黯然把头埋在臂弯里，任凭无情的风在耳边呼啸着。

一道悦耳的女声忽然在耳边响起："梦想是冷暖自知的东西，别再去跟别人解释自己，关于未来只有自己最明白。"

我抬起头，泪光中望见了她。她背着光，窗外的阳光和斑驳的树影为她镀上了一层金边。逆光的身影很不清晰，那一双明亮的眼睛却像倒映着星星的湖泊。她温柔的嘴角上扬，短发也随风摆动。

她又说："眼睛闪亮的人不适合悲伤，未来的路还很长，你要挺直胸膛！"她明亮的眸望向了远方，闪着不可名状的悲伤："不要因为别人而放弃，每个人的经历不同，努力之下，梦想说不定就来到了呢！"再看她时，那层金边似乎更加闪亮，嘴角也漾着不同于他人的微笑，那微笑似乎有千吨重，压在我身上，却给了我勇气和力量。

我开始努力，终于在毕业考试时，数学取得了优异成绩。

时光飞逝。后来我才听说，她的悲伤不是没由来的，那时亲人病危，学业负担重，她承受着不同于我们的压力，却能绽放出如此纯美的笑容。

在洒着金光的课桌上，我恍惚又遇见了她，朦胧中望见了那个微笑，那倒映着星星的湖泊。

（本文发表在《潍坊广播电视报》上）

蓝

芸芸众生，美丽的蓝比比皆是。于绿，她更加柔情；于粉，她更加波澜不惊。她有"宠辱不惊，看庭前花开花落"的恬淡，亦有"去留无意，望天上云卷云舒"的闲情。没有孔雀似的光彩夺目，只像龙一般的洒脱自由，无忧无虑。

蓝色的天空清透宽容，春秋冬夏，或冷或暖，始终温柔地包容世间万物。不望功成名就，只求一世安宁。很久以前应该是这样的，而如今早已"万念俱灰"，沿袭了灰的黯淡，不复以往的云散无痕。

蓝色的大海充盈着最原始的蓝，岂是一个"晶莹剔透"所能比拟。相比天空，她输几许淡雅，赢些许豪情。正是"梅须逊雪三分白，雪却输梅一段香"的意境所在。她坚韧，她隐忍，犹如那古代山间隐士般淡泊名利。

蓝色的雨滴似精灵般活泼却不失幽雅，勾勒出蓝与土地的几世情缘，描绘出灵动对蓝的最美诠释。可是，那醉人的蓝却渐渐随风走远，取而代之的是人类的惶恐和对她归来的期盼。

蓝，给予了人世太多。或许她是天上的神仙，才会有这样宽容的菩萨心肠。世间词语那么多，能勾勒出蓝的，只有美好一词。

高耸入云的烟囱、令人忧心的海洋污染、亦真亦幻的雾霾……这些也

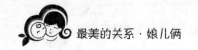

是蓝的给予？

不，那是人类的咎由自取。

（本文是课外随笔）

桃花宴

初次遇见那场桃花宴是何时？大约很久了。四五岁的记忆很是模糊，但是那场盛装宴会，却一生难忘。

置身漫山的粉中，我不由得屏住呼吸。

该怎样来形容这样的粉？如梦似幻，举世无双。犹如"烟花三月下扬州"一般光彩溢目，毫不逊色于宋朝诗人姜特立笔下海棠"绚丽繁霞彩，荧煌瑞锦堆"之貌。若是说《相见欢》中"寂寞梧桐深院锁清秋"写出了愁的极致，那么眼前这幅景象便把美与喜展现得淋漓尽致。在光影重叠中，即便是最上等的丹青，也渲染不出此情此景。漫天的粉，遍地的粉，一切，归于粉色的桃花。这是一场四岁的我与桃花的宴会，谁曾想，十三年中，竟只有那一次。

自那以后，我与桃花相约，"要做像桃花一般绚丽夺目的人"。

但看如今，次次跌倒，回回站起。终了，还是要违背我们的契约吗？我苦笑。走出家门，期盼着寻找些聊以自慰的东西。

踏进了遍地的粉中，我抬眼，停住了脚步。

这是一棵已过花期的桃树。残花驻枝头，没有绚丽夺目的资本，只剩下无尽凄凉，当真有"寂寞梧桐深院锁清秋"的景象。唯有那挺拔粗壮的树干，稳稳扎根；那或旧或新的枝条，亭亭傲然。在光影交错下，她隐忍，她从容，她存留着力气，只为造就明年的光彩。光为她镀上了一层金边，她仍绚丽夺目，她有骄傲的资本。

是我错了。

原本失落的心重燃起了粉色的火苗，嘴角不住地上扬。原本的忧愁被这场粉色的大火吞噬，眉宇间豁然开朗，犹如干净如洗的被快乐渲染的天空，纤尘不染。

谁说桃花没有花灵？她分明与我说："生命的长河是无止境的，用现在这点时间与痛，换取往后的举世无双，比任何人都要坚持。'人间四月芳菲尽，山寺桃花始盛开'啊。"这话，使我受益匪浅。

这是一棵枯败的桃树，我却分明望到了她背后粉色的漫天花雨，那是属于十三岁的我与桃花的宴会，如梦似幻，举世无双，如若初见。

（本文是初二语文课堂作文）

友谊的树洞

烟雾散尽，还会再聚；天空灰蒙，也能再蓝；娇花凋零，亦可再绽。谁能告诉我，友情凋零了，还会再次向我们奔来吗？

遇见的每一份友谊，都是上天给予我们的礼物。最初打开它时，你会发出阵阵惊叹；在某段特定的时间，你也会备加珍惜。但有时，友谊总被远去的时光携走，而且是那么无情，连头都不回一次。

我不知道有多少友谊需要去珍藏；也不知道有多少友谊会输给时光。但我在坚持，为留住走远的时光而坚持，为做真实的自己、找到真心的朋友而坚持。

我无法决定明天是晴是雨，但我能决定今天是否准备好雨伞，以及是否更努力。永远不要只看见前方路途遥远，而忘记了坚持多久才走到这里。是不是，只要你坚持，友谊就不会走远？我认为是。

现实往往残酷，友谊会奔过来随即又奔过去。友谊是那么调皮，总是再三戏弄你。在朋友间互相斗嘴时，它慢慢转身，默默离去；但它又会在伸出的双手或者一个拥抱里，笑着跑来，和你撞个满怀，让你措手不及。有时我觉察到它的戏弄，想张开双臂遮挽，却只拥到了风。

小学毕业季，说好不分离。毕业那天，老师说："你们是我教过最棒的一群孩子！"老师，您可知道，这个"棒"字是我们用六年的时光和友谊换来的。毕业那天，我们互相拥抱，发誓会再联系。可是现在，却形同陌路，仿佛在不同的学校就像在不同的世界。六年的友谊，就这样逝去了吗？

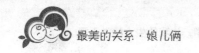

每个人心中都有一个最柔软的地方，盛放着只有自己能懂的友谊。最亲密的朋友，往往成了我们的"树洞"——那个可以倾诉烦恼、忧伤，分享快乐的地方。

虽然，花季雨季的繁盛，让人难以独自守护友谊。但只要真心真意，友谊就会像这烟雾，散尽后还会再聚；就如这天空，灰蒙了也能再蓝；就若这娇花，凋零后亦可再绽。

（本文发表在《潍坊广播电视报》上）

一城烟雨

苏州的冬天委实不冷。

清澈见底的小河潺潺流向四面，微风卷着涟漪，泛起层层水波。和煦的阳光洒在青石板的小路上，隔不多远便有一座跨河而立的小桥。风流才子唐寅能作出为天下唱的《桃花庵记》也着实不奇怪。

古色古香的老街古镇，在这般景象下，诚然是个好地方。

穷困潦倒的流浪人，身着汉服的女孩子，披着羊毛围巾的妇人，二胡与陶笛悠长而绵延不绝的声响被微风卷过街道，冲散了繁华厚重的思绪。红灯笼、青石瓦还在，可江南皓腕凝霜雪的女子和青衫布衣的书生，却永世遗留在千年前的山明水秀间了。

青石板延伸到不起眼处，是卖陶笛的青年。大好的二八年华，一张干净的脸蛋，他盘腿就地而坐，忽急忽缓地吹着不为人知的调子。身后又响起了女子唱戏声，似穿越千年而来的痴情种。青树翠蔓，蒙络摇缀，参差披拂。仍旧是溪水缓缓地流，光照下显得他身后的小桥分外恬静。

这般模样，诚然对得起世人的一声声"姑苏"。可惜的是，那些静谧幽深的园林，如今也频频被人打扰了。

乘着流水便可以游遍苏州，不错的。细水在小城星罗棋布，沿途树木参天；虽不是春光乍泄的日子，却总有各种花竞相绽放。

谁言，"定定住天涯，依依向物华。寒梅最堪恨，长作去年花。"北宋林君复以"梅妻鹤子"闻名，拙政园内也有一树繁盛的梅花。

络绎不绝的人走东走西，姑苏千年的文化就这样被忽视。她的每一处墙角和每一块青石板，都将商末开始记载的历史烙印着，又何必去后人建立的博物馆呢。纵然人们走马观花，也被这梅花惊叹到了。贫穷潦倒的流浪人跪在花下，提着花灯的女孩子立在花间，披着羊毛围巾的妇人站在花旁，无一不想与梅花比肩。远处却传来悠扬的陶笛声，那个卖陶笛的青年缓缓望向距他很远的梅花树，吹着他的曲子。一转身，笛声和他都随着路旁的细水远去了。

　　唐代杜荀鹤其名不扬，一首《送人游吴》却没有比它形容苏州更贴切的了。请君为我倾耳听："君到姑苏见，人家尽枕河。古宫闲地少，水港小桥多。夜市卖菱藕，春船载绮罗。遥知未眠月，乡思在渔歌。"这是外乡人对苏州的评析。

　　苏州出才子。唐寅写过一首《把酒对月歌》，其中除表达对李白的敬仰之情，还将自己放荡不羁的性格展现得淋漓尽致。李白游苏州时亦曾作《乌栖曲》。巧不巧，他们同是我最为钦佩的诗人。更有清朝乾隆皇帝"吴中爱看吴人画，况是吴人画更高"赞颂唐寅的《桃花庵图》，这又为苏州泼墨般地增添了文化底蕴。

　　这是一个温柔的城市。红梅开得尚好，微风划过水面，香茗翠竹也不少见。

　　千年过去，姑苏仍是姑苏，依然一城烟雨。

（本文是初二时游苏州随笔）

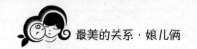

通天塔 —— 写给妈妈

夜色澄净，星子散布，凉风抚上灰得厚重的水泥屋顶，有虫鸣，流光逝，彼时她喊："娘，我看到彗星了！"伸臂去指，不见踪迹，于是她那三兄弟乱作一团。"我也看到了""我先看到的"，慈眉善目的妇人抬起头轻笑，祥和一片。那是一场罗浮梦。

我没见过那位妇人，她病逝两个月后我便出生，彼时的"小姑娘"，后来大概是于大悲大喜中生下了我。

不知是怎样的心情，可我却似她的唯一安慰。

你可曾见过暗夜于大雪纷飞中赶路的人吗？

那么你见的那人，也如这般上下求索，觅得光明，足以裂断无边黑暗，以血肉之身构筑那通天塔吗？

幼时写作，记述与她游于长岛，题目便为《妈妈的大包》，却是为何呢？请君开包便可知了。那是承载我幼时关于机器猫幻想的大包，肩负它的人又是我的依靠。她的背包，可谓琳琅满目，添以她的三分如发细心，便可备全天下不时之需。纵是海边沙砾钻进鞋里，她也不曾卸下那沉甸甸的重负。她委实不是个肆意江湖客，却是个普天下能共剪西窗烛的不二人选。

若言"负重前行，向阳而生"，便是她的写照。

万般依赖的母亲溘然长逝，父亲偏于男丁，两小弟无以为家。愁之深，甚于爱。若是侧身西望去长叹，怕是用一生也不见得吐尽浊气。她却用百炼不熔之心，教我怎样"用一腔孤勇，以裂杯拒与世事相嗟"，这是通天塔的一部分。

她原是有所恃的，只在那天大舅被送进了重症监护室。她可是学哲学的人哪，却坚持按照亲戚嘱咐的夜夜诵经数豆子……上帝之手残忍地一点点凌迟她的心，终有一天，她红着眼圈回家，即使五脏六腑随着心痛搅成一摊血水，她也最终失去了至爱之人。

孤立无援，踽踽前行。

多么残忍的说法，好在她坚强。可是，哪有人想真的坚强。

十几年前的一日，她带我去买电。两个小姐姐看到我，说："她好可爱呀！阿姨，我们能跟她玩一会儿吗？"于是我跟去，回来后便是她声嘶力竭的哭喊与泪水相连，虽然不知为何，看到她哭我便也哭了，她喃喃道："我以为你丢了……对着哪栋楼喊，你都没有回应……"那时的我太小了，只会哭，而今请接受我姗姗来迟的道歉。

你可曾感受人间乍暖还寒时？

雪上加霜，拨开云雾却难见真容，用力紧攥却仍慢慢逝去的，是生命。你可做过一场蝴蝶梦吗？

她生病了。他们不告诉我，我也不知道。大概是心有灵犀，彼时我却困顿于考试成绩，那段再也不想记得的苦熬日子，不得已又要想起。何以得知？大概是我精确无误的第六感与空空如也的安全感。我不知病情，只听病名，便足以震我在地，久久不语。我每天与她通电话了，每天都对她说早睡多喝水，却填不满十几年来她的付出留下的空洞。此时填不满的，唯有用尽余生才能填满。那年水泥屋顶看星星的小姑娘，断然不能无忧却把青梅嗅了。

长夜寂眠，视频通话中的她躺在床上笑。她是去北京做手术了，却对我说去济南举行公益讲座。我难过死了，如果她的坚韧是通天的支架，那么我宁愿不去登它。上天眷顾，病情发现得早。

"你的肩膀是屋檐，双手圈出世界边缘。"你可见过午夜等待的灯光吗？

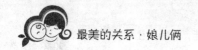

"春雨秋霜夏蝉，掌心摩挲成茧，捧出一汪甘泉。"你可尝过注满期盼的一碗热汤吗？

你能保护她吗？

你所见不过她柴米油盐，所不见的是她春水煎茶。你看她一任生活百般刁难，却依然灼灼其华。

她也是个想在冬夜绿蚁新醅酒的人，写文章是她的宽慰乐事，至今也佳著频频。

上天摧毁通天塔，只留下一道密码，名字叫作妈妈，这个音节统领了所有动情的回答。

风很大，雨很急，路很滑，请你保护她。

等我长大，等我再回家。

为你梳白发。

（本文获得潍坊一中母亲节征文特等奖）

爱是一条永不枯竭的河

　　我一直认为，我的世界有两种方向。一面朝阳，一面向阴，我的生活便昼夜更替般与晨昏交接线更迭，擦身而过。

　　那是因为，我想要爱。

　　我得到过爱，我知道。

　　白日温暖的阳光映在春天空气里的小珠粒中，绿杨结烟垂袅风。游湖上色彩斑斓的游船沉默地望着这一泓平湖，人群熙攘。她穿着淡绿色的运动服，工艺编织袋紧紧地攥在手中，视端容寂；他的嘴角勾着一抹不大不小的弧度，用双手环抱着我，灰色的宽大衣服连褶皱都不为所动，轻轻地、自然地、静静地下垂着。我嵌在中间，抿着嘴，脸颊红红的，眼中充满笑意。这是我们家唯一的一张合影，是我很小时候照的。我尝试过将这张照片剪成心形，却一不小心弄成了凹凸不平的奇怪形状。

　　那是充满阳光的日子。我幼儿园放学后，从不舍得为自己买新衣服的妈妈会叫我去买每天都要喝的奢侈品。我清晰记得那个卖饮品阿姨的白牙，太小的我只能仰头看着她。这时，温柔的声音便会响起："你又来了呀，今天要几瓶啊？"爸爸常带着我去植物园玩，他会一边蹦蹦跳跳，一边回头看看奔跑着的我，几声"嗖"的声音穿过时间的缝隙跳进我的耳朵，自由而欢悦。爱都是分两种方式给予的，我以为，别人也是这样的。他们爱我，我也爱他们，这是叫感恩吧。

　　不管多么的不愿意，人都是要长大的。

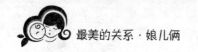

可长大的代价，是失去爱吗？

妈妈渐渐地聒噪，爸爸竟妄想掌控我的思想。我明白，年少的人们都有这样的憋屈想法，讨厌争吵，讨厌讲理，甚至讨厌回家，而又不得不去做这些让人讨厌的事。家庭的不和与别人不同，不吵架，不摔盘子碗，不进行言语的交流。只有沉默，像一声清寂，摇曳着尾声，周围的万物都在其中凝结了。爱渐渐褪去，河床开始枯竭，这是一个很慢的过程，却仍残忍。仿佛只等怒目相对时，三个人都瞪圆了眼睛，眼中充满泪水，手中按着瓷碗，突然，"砰"——碗碎了。

没有爱，便不懂感恩了——我，想，要，爱。

"知道这世上最难的事是什么吗？与生活讲和。"我很喜欢这位作家的话，因为他道出了这世上最难的事情，生活与爱是最后的胜利者。过好生活，先要有爱；而要有爱，需先懂感恩。

偶然，我翻到了父母的短信。他们总是互发长长的一段话，阐明自己的观点，时常矛盾，时常失望。而目的却只有一个：教育我。或者说，爱我。读完这些短信的一瞬间，我失神了。原来，我想要的爱，从未曾离去过。

回忆在时间的万马奔腾中曾被一一抚平，如今却卷土重来。

初二时，晚自习放学后的一个晚上，抱着新买的夹子，我快速地在街上走着，路上车水马龙，红光与绿光的交替刺疼着我的眼睛。我沉着脸走在前面，只因为爸爸接我迟到了。爸爸默默地在后面跟着，不敢发出一点儿声音。初三的冬日午后，寒风卷着尘土，担心迟到着急上学的我甩开了爸爸的手，忘记了他曾经落寞的话："这是女儿的温度，往后越来越感受不到了。"妈妈对我的关心，在照耀着晾晒的衣服的阳光里，在她独自奋力提着购物袋的被岁月蹉跎的双手上，在我考试失利时她的笑意盈盈的脸上，在我遇到困惑时她的循循善诱中……

原来，我都记得。原来，这些都是拥抱着我的爱。

生而为人，一定是许多年前我们自己的选择。父母的爱也许有不同的方式，有不同的主张，甚至相互并不看好，但，那都是最纯粹的爱。如果为了你，隐忍着与自己并不喜欢的人生活在一起，那他们一定很爱你。感谢他们吧，不要讨厌他们，他们会很难受的。

从前，如今，未来，父母给予我的爱已经汇成一条河，不是从未枯竭，而是一直丰盈。所有人都有爱的权力，靠近爱自己的人，用力感受那份来之不易的爱。先有感恩，才能去爱。爱的河流永不枯竭，它生生不息，将万物相连。

让我们与这世界温暖相拥！

（本文获得第十三届中国中学生作文大赛全国二等奖，山东省赛区高中组一等奖）

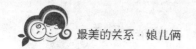

拜无忧 —— 写给爸爸

"明月半墙，桂影斑驳，风移影动，珊珊可爱。"归有光明媚的诗句摸过来，像极了此刻的西湖畔。只不过，这雨委实大了些。

春末夏初的骤雨好似打翻的墨盘，细雨飘摇间，星子如千万游鱼活泼跳动。这片西湖畔的竹林中四处俱黑，庭下积水与竹枝的影子畅快做伴。林清玄写过一篇《随风吹笛》，那情景与此时别无二致。大自然果真有趣。

不过，此刻，我们有更重要的事去做。

"演出要开始啦，老爸买了雨衣，快穿上快穿上！"他湿漉漉地游过来，开始给我套衣服。是的，没有雨具的我之所以能想到那些诗句，是因为我的脚下是竹枝相缠深处一级寒阶，上方还有一角透光的屋檐——是他找到的一间小星巴克。于是我们开始游动，我看到黑暗中他脸上的水纹映着光，他笑得像看到三千盏孔明灯缓缓升起，与记忆中别无二致。

偌大的观众席已是满目破碎，我突然想起"望湖楼下水如天"的说法。西湖中央的表演蘸着夏天的雨来描绘杭州，细丝状的雨线落至脚旁，他说："这不也挺好玩的嘛！"

是呀，这不也挺好玩的吗？

我知道，他一直是个乐观旷达的人。

落雪时分，冬天的风很凶地在窗外跑，我于成绩中困顿。他不由分说地带我去了野外。公路旁的麦田已是白雪皑皑，他说："大自然是孕育人类的地方，也是最能治愈人类的地方。"

又是春秋好时节。可从劣势中爬出来太难，临近开学的几天前，他带我去了海边。水天共蓝，甚至有水珠欢快跳跃，亮晶晶的。海浪拍打着礁石，沟壑间水中飘摇的水草清晰可见，背竹筐来抓螃蟹的老人在礁石中时隐时现。他带我攀至最高处，张开双臂向海那边长啸，如阮籍一般放浪。他肚子圆乎乎的，十分可爱。他笑道："与自然相比，人类实在太渺小了，我们的事又算得了什么呢？""老爸不开心的时候就开车到处转悠，吼一吼，什么都好啦！"

他是这样的，他可以春观夜樱，夏望繁星，秋赏满月，冬会初雪。他最让我佩服的，是在这世间对任何事都能抱有乐观的心态。他并非没有苦闷，却总能在苦闷中抬起头来，活得很快乐。我从未见过与他一样的人。

初中毕业的暑假，我们与好友去四川游玩。一位好友因仰慕坚持去东坡故里，他便带我与另一好友攀登青城山。浓重的树荫坐落在山间青石板上，耳边鸟雀呼晴，如佩环碰撞，"啾啾"乱叫。山雾起来，远处的山头看得不真切了，一片绿色染上天空。有长风浩浩而来，衣袖摆动时，宛若踏进了昆仑墟。观至此，他高兴地呼喊道："这么好的景色，他们没看到真是可惜啦！快给他们拍下来！"

有手机铃声响起，他神情突然严肃，交代几句，不一会又放声大笑："哇哈哈哈哈哈！老爸事务所竟标到了个大案子！中午请你们吃好吃的！哈哈哈哈……"

"你厉害。"

"啊哈哈哈哈，哪有哪有……"

我看着他，觉得他已经触碰到了人间星河。

汪曾祺说："那么多的花，如同明霞绛雪，真是热闹！"他带我看梨园花开，那日风和日暖，人在花中，不辨为人为花。

"青岛的灯会很好看，我带你去看看吧！"斑斓的灯光于黑夜中浮动，如三千盏孔明灯缓缓升起，他笑得十分璀璨。

工作伙伴欠债潜逃，使得他亏损几十万元而一度危机。他轻轻地笑：

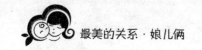

"人家也有家呀，咱们逼他他也拿不出来，没办法。"

归家途中，路边烧焦气味透过车窗而来，火光猖狂摇曳，黑烟浓郁，卷着洁净的空气升向高空，只他一人跳下车与周边小区居民一同灭火。后满身火灰地告诉我："没事，只是灌木丛起火，关键时刻还得看老爸的吧！"

他确实喜欢游山玩水。

他也确实善良。

人的恶劣品质有很多种，真正能够百无禁忌去包容的，只有大自然。他也是大自然中的一座青山。

他喜欢看电影。回家的日常对话便是："最近又有一部美国大片上映啦！你要不要陪老爸去看看？""今晚你还写作业吗？有个印度电影今天刚上映。不过老长了，两个多小时呢！"还有一句最为经典："唉，要是让你班主任知道考试前还带你看电影，他该怎么想呢，哈哈！"

我终于明白，如果真的开心起来，做什么都会如意的。

"长歌吟松风，曲尽星河稀。我醉君复乐，陶然共忘机。"我觉得，他与汪曾祺是一类人，始终相信，"生活，是很好玩的"这件事。因为相信，所以快乐，比那些沉沦于苦闷抑或无病呻吟的人强了不知多少倍，毕竟不是所有人都会喝醉酒后摔断了两根肋骨还傻乎乎地笑。

《小窗幽记》中有："趋名者醉于朝，趋利者醉于野，豪者醉于声色车马。安得一服清凉散，人人解醒？"有事不忧，对景而乐，自由自在地以"自己"的身份于世间做事，而不顾别人眼光，大概便是拾得长乐人生的真谛。

他自己的事与我无关，我只记得"他爱我"的事实便好了，反正我知道："当我跨过沉沦的一切，向永恒开战的时候，你是我的军旗。"

（本文获得潍坊一中父亲节征文一等奖）

玉山倒

"嗟余薄祜，少遭不造。"

鲔掀开那条古旧的方巾，丝质，有着泥渍，水珠顺着已不光滑的褶皱落下。若是烘干了，便会脆得一折即碎。她想着，轻轻皱了皱眉。鲔将目光划在方巾上，晕出竹叶的纹理。她回身望向窗外，破晓之中远处的海岛拥抱着朦胧，透过时间洪流的夹隙，那"嵇中散"的名声随阵阵曲声伴她入了眠。

"魏人嵇康，字叔夜。"嵇康颔首，将衣袖将平，轻快的林间风于衣袍下漾开，有着书卷的清香。

"我是鲔。"悄悄打量着眼前竹林，她说。她是海边小镇的姑娘，像海风一般自由明媚，只是于学校中独来独往，为之忧愁。

那日，她见到了嵇康。

时空错综偏差促使她来到眼前的竹林，人生难遇一知己，他们相知称得上幸事。一月一见使得鲔的生活有了有意义的期待。

嵇康将六位好友引与鲔相见，鲔将几千年后世人对于七贤的评价说与他们听。嵇康夫妇热情招待，他们饮酒放歌，相与长啸，在小姑娘面前也毫不忌讳，只是阮籍收敛了"不雅行为"裸奔。

鲔看着他们，阳光透过竹叶的间隙落在他们身上，个个春光满面，着白衣却席地坐，抚竹叶而聆琴声。嵇康酒会写诗说："轻丸毙翔禽，纤纶出鳣鲔。"山涛眼中有频闪的功利气，以致不久后便被嵇康拍了绝交书，鲔想起多年前与最好的朋友决裂的酸楚，正是现如今忧扰的泉源。

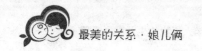

众人散后，她问："若好友逼你为官，你会怎样呢？"

嵇康笑答："今日落箨，竹香甚好。吾友谓无忧，为官者有愁，不值为吾友。山居人喜竹，若为如此，与之相诀。"

鲔想起钱起的一句诗："黛叶轻筇绿，金花笑菊秋。"所谓无忧，不是没有忧愁。竹林七贤个个有苦闷，却都将苦闷化作落拓，乃裂天而去。返至人间后，鲔试着与好友通信，得到回复后与之重新抵足而眠。

那日，鲔想，与古人相比，人间的苦闷只能称之为"俗"，却仍有不俗，川端康成说，"凌晨四点钟，看到海棠花未眠"便是一种不俗之举。面是虚的，心是真的，用真心去活，大概便是嵇康的信仰。

景元四年，吕安事件后嵇康带着少见的愠怒写下《幽愤诗》，"嗟余薄祜，少遭不造。"清隽的字迹透着悲戚，鲔看过后，深深皱了眉头。

不足一月，司马昭下令，嵇康与吕安被立即行刑。嵇康视端容寂，面无惊澜，手从已不干净的衣袖中伸出，覆上鲔的脑袋，父亲一般安抚道："人终有一别，此去，勿念。"言罢瞑眼，鲔已回到了人间。

那日，鲔夜不能寐。窗外，春月孤悬，夜色浓厚，蜜色的圆月拥抱着朦胧，远处的小岛已经看不见了，三两光亮顺着水汽摸来，岛上有山的轮廓。海风撞开窗户，鲔却嗅到了竹叶的清香。人不可能长存，竹林精神却是永恒的，这几年中七贤给予她的，不止自由，伴她走尽人生道路已经足矣。她突然想，竹林与七贤也许就在那里，不为时间所困，替世人，一直自由下去。

破晓时分，另一空间中，三千名太学生静默流泪，嵇康向兄长嵇喜讨来爱琴，一曲最为惊艳的《广陵散》乐声响彻了整个历史长河，珠落玉盘间，几片竹叶轻摇而至，穿过时间的缝隙，伴着琴声，落至鲔的枕边。

"每当有人问起了行期，青青山色便梗塞在喉际，他日在对海，只怕这一片苍青，更将历历入我梦来。"

做他一般的人吧，"清风朗月不用一钱买，玉山自倒非人推。"

琴声与竹香中，鲔入了眠，重生了。

（本文获得"叶圣陶杯"全国中学生新作文大赛初赛二等奖）

聊赠一枝春 —— 写给老师

南北朝陆凯写诗赠范晔："江南无所有，聊赠一枝春。"我拾起那雪泥鸿爪，细雨梅花，将这一枝春天的慰藉还赠给她——杨帆，杨柳依风帆，语文老师诗一般的名字。

"君家何处住，妾住在横塘。"她白皙的手臂有力地挥动着，清亮的声音穿透了时间，传至耳中时，却仍带着未出阁小女子的娇羞之感，甚是和谐。"或恐是同乡。"窗外的春日风光在她大而圆的眼睛中流动，额前几缕刘海飘摇着，毛衣是明黄色的，袖子是挽起的，周身盈满了桃源深处温暖的气息。那勾起的嘴角，红润的唇瓣，又真真好似那个慌忙对少年解释的小姑娘，纵使她已是两个娃娃的妈妈。

有人为张岱吟唱，"生来膏粱身，酩酊爱风尘。江舟横江雪，温酒江上人。"所谓生命中重要的人，一定是走进过心中，并从那时开始长栖于此。于阴郁时拽起我逃出深渊的人，杨帆老师算一个。

彼时，啜泣声响起，泪珠摔在办公室的地板上。声音愈渐贯耳，愈渐显得痛苦，而后是撕心裂肺。倘若静了音回放，只剩一个低着头的身着灰白校服的小姑娘，在灰白画幕中几乎找不见，她抖动着双肩，与那人执手相看泪眼，无语凝噎。拉近，便能看到一张布满泪痕的脸。韦应物那句"海门深不见，浦树远含滋"真是应了这景。在她身旁静静坐着的，是杨帆老师。我想起苏轼与吴复古畅饮感怀时，便是如此。

好啦，那个小姑娘就是我。

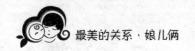

"生命就是一个不断超越自己的过程。在这过程中我们遭遇痛苦，超越局限，从而能更深切地感受幸福。其实你很优秀，不该这样自卑。孟子有'仰不愧于天，俯不怍于人'之谈，你也应该光风霁月。"无疑这段话充满温柔，像人间翻页的声音。

那时候，我刚刚以优异成绩步入高中，而迎接我的是各方面的挫败，我在尚未找到原因、明确方向的情况下急匆匆选择了前进的路，因而感到迷惘。又想起钱锺书先生曾经的感慨："天地间有许多景象是要闭了眼才能看得见的，譬如梦。"做什么事都要闭眼慎重思考，毕竟一个决定牵动另个决定，一个偶然注定一个必然。那些后果，不是人的一颗心能承担的。

于是那个时刻，我听见了春天的声音，"哒哒哒"没有任何修饰的、纯粹的春天的声音。赠我春光的人儿不言而喻，就是你啊老师！我可以被温柔打败，也能够被笑容捞起来。

戴望舒写诗说："谁家动刀尺？心也需要秋衣。"古人的阳春白雪，断裂的吴丝蜀桐，也抵不过那一枝春天的慰藉。生命里那些颤巍巍迈步，逡巡攀登，后来汇成了推动我归家的河。若非这些，好像就不会在生命的岔路上遇见别人求之亦不得的人与事。杨帆老师，是其中之一。

一生太短，一瞬好长。幸好啊，你的手，曾落在我的肩膀。

要先自知珍贵，才能遇见那人，相与抵足而眠，含英咀华，于浊世中攀手摘星辰，吟诵那句"江南无所有，聊赠一枝春"。

——致敬爱的杨帆老师 于 2018 年 3 月 8 日丽人节

（本文获得 2018 年"庆'三八'我最尊敬的潍坊一中女教师"征文大赛一等奖，收录在《爱·阅读》一书）

穿回西汉嫁项羽

下一瞬，我自将魂逐飞蓬了。

我想抬臂拭去你的两行清泪，不料舞袖狠狠拍打我的手，一齐垂下。月光汇成光斑凝结成雾网，恍然间被胸口那把剑的寒光刺透。我看不到你满是沧桑的脸了，英气逼人的少年霸王却撕破暗影大摇大摆向我走来。

狼烟起兮，军帐笙庆；风沙漫兮，将军下酒。你尝醉笑三千席，却格外珍重霸王之衔；你大步杀出，霸王英气，却也难逃这垓下。"依妾身看，不过天妒英才罢了。"怎么办呢？可我也不忍看你的梦破灭了啊。

曾闻你年少言："彼可取而代也。"你的确做到了。聪明秀出，为英；胆力过人，为雄。你这般英雄，击退朔风可矣，勇树神威可矣，将百万之师可矣，虽赢过汉帝背后的淮阴侯，可汉帝背后不只有淮阴侯，西楚霸王又怎能一意孤行呢？纵使所向披靡，世人闻风丧胆，然而若没有仁爱之心，这先秦遗民满腔愤懑，即使是亡灵也不肯放过你啊。你自秦暴政而起，因楚暴行而江河日下，妾身只好随你的西楚逝去以效忠。

但你总归是我的英雄。

你是为后羿所射下的九日，名正言顺地升至中天，无可奈何地堕入无间，但总归如日之恒。

巨鹿战时，那秦国诸将无一敢应战，彼时你睥睨辕门口膝行的怯将，一如傲视众生的天子。你身披锐甲，驰骋战场，畅快便大摆酒席，为你一生所求的功成名就陶醉着。可妾身，只盼君脱身于刀枪熙攘。如此，便无

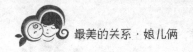

江郎才尽，便永远有西楚霸王。

这么多年了，想必你也未曾好好看过这大楚山明水秀吧。

夜里垓下，风沙漠漠兮愁无际。北风凛冽，绛朱汉旗挂满连营，化作一株株深埋楚兵心中此刻却蓬勃生长的毒木。你听，那四面楚歌却声成于汉军之口，便权当为你饮酒助兴的笙乐吧；你看，楚将士面庞坚毅却掩不住的郁倦之色，便只当没能再尝一口家乡的酒吧。你知晓了，你的无限风光，早已定格于需要骁勇猛士的战场，却渐渐消泯于渴求贤君雅士的民心。汉帝阴黠赢了你的江山，却赢不了你的威风。羌管难续，悠悠，霜满地。

你悲歌慷慨了，"力拔山兮气盖世，时不利兮骓不逝。骓不逝兮可奈何，虞兮虞兮奈若何！"我终又看到你那饱经沧桑的脸了。近于咫尺，俊朗又满脸愁绪，又远至星河。

"汉兵已略地，四方楚歌声。大王意气尽，贱妾何聊生！"哪怕锦衣夜行，亦可卷土重来啊！

我终未曾嫁过你，你也莫要再惦念我了。

血染江山，也允我用这一身血衣，做一件嫁衣吧。

穿越而至，我不属于西汉，而今才知晓，那让我用尽最后余热，献唱与你："江东子弟多才俊，卷土重来未可知。"

恳请大王，听臣妾一言吧。

（本文是高二语文课堂命题作文）

杕杜

杕（dì）杜的父亲是个忧郁的南方诗人。他年轻时研究《诗经》，于江南的竹篱瓦舍邂逅了杕杜的母亲。朗月疏影下，父亲告诉杕杜，那一夜，是她诞生的契机，可她不喜欢这个契机。

她出生的同时，母亲驾鹤远去。这使父亲终日浑浑噩噩，口中所吟不出二句，"有杕之杜，生于道左。彼君子兮，噬肯适我？"于是已经学会站立行走的小女孩，终于有了名字：杕杜。

孤生的赤棠梨，这不是个好名字。

杕杜是个植物学爱好者，放年假的春运高峰期，她在行李箱轮子与地面摩擦发出的哗啦哗啦声中不急不慢地走，抱着一沓植物标本，斜背着布袋子，只有零零落落的几百元现金与车票证件在黑色的内衬中微微挪动，偶尔一元硬币与五毛硬币相撞，发出"叮叮"的细碎响声，仿若南方冬季里朱樱花的萌芽，独见繁枝烂漫新。

杕杜的大学在遥远的北方，冬季狂风凛冽，极易撕破万物最脆弱的冷却的躯壳，使她不得不回到温暖的南方小屋，保护她一年来辛苦收集的稀有植物，使它们在摇曳着惺忪火焰的壁炉旁可以尽情伸展尚能伸展的纹理。

她在这世上待够了，唯一值得她存活的，便是她的植物。

杕杜原本就是一棵杕杜，她一直认为。

轻轻地屈起腿，身体沾上动车坐垫的一刹那，寒气透过杕杜的棉布长

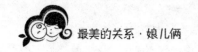

裙传达到神经末梢，渗至心脏深处。春运的车辆本就紧张，能抢到座位已经是十分幸运。枞杜稍微松手检查那一大沓标本，幸好，没有被挤坏。她塞了塞麻围巾，头靠在窗边，细细地摩挲着满是灰尘的玻璃后面的色彩斑斓的山明水秀。突然想起冯唐的一句诗："我朝你走来，就是我的离开。"

好久没有回家了。

枞杜的家在山中，使她有了一个不同的青春，抑或说，人生。那是她的父母共同挑选的好地方，秋菊堪餐，春兰可佩，有母亲亲自栽种的海棠树。

那是许多年前的事了。枞杜对母亲没有任何印象是很自然的事。家中没有相册，唯有父亲年轻时的一本手稿诗集，几粒隽秀小字跃然于纸张的第一页：《书带草》。母亲希望她出生在八月，可惜枞杜是一棵枞杜。枞杜出生，母亲离世，父亲经历了大悲大痛，更加郁郁寡欢，本就无力赚钱的双手再也写不出诗句。最困难时只好由枞杜只身乞讨筹钱，谁都明白市井巷口中那个瑟缩在肥大的棉麻长裙中从不下跪的小女孩没有母亲，她来自山中的破陋小屋，像一个贞洁高尚的野人。

她的生活是父亲笔下一段没有开端的诗篇，未经世事，便早已卷入世事，陷入那或苦闷、或忧慼的万物宴席。她是一棵快要被世俗囹圄而吞的棠梨，只有烂枝支撑着摇摇欲坠的灵魂。

她的人生中，没有家，没有爱。

枞杜只有植物。枞杜只有枞杜。

火车上的人群已经换了几批，旅客无非农民工、"北漂"创业者、小资女性。枞杜猜测着自己属于哪一类。浑浊的房水涌动，晶状体不断地上下拉伸，视觉神经被刺激后传递着面前的图像。她哪类也不属于，枞杜想，她仍是一株孤生的赤棠梨，或是，有已经死去的许多异类伙伴的赤棠梨。

铁路轨迹延伸到了杭州，冬季活水泉开始涌动，呼啸着的鸣笛声扰动了苏、白堤岸的湖水，入眠的鱼儿微微鼓了鼓鳃，一粒小气泡上升着慢慢变大，"嘭"，破了。

杕杜望着窗外丛丛的铁冬青，想起了冬青，一个杕杜爱过的人。

杕杜常拿家乡的补助费到各地考察植物，她熟悉每一种植物的名字与纹理。她在人间草木中能找到自己，能通过收集野物寻找生而在世的意义。她不确定自己是否患抑郁症，也不去想这些。杕杜不爱追求什么，她习惯了向生活妥协。

20岁的冬青是杭州人，杕杜在西湖边拾摘野物时遇到了他，这像极了杕杜父母的历史重演。只是，冬青不像杕杜的父亲狂热而自卑，他很理性，明白未来追求的是什么。他不敢冲破俗世中的条条框框，他离开了杕杜。

杕杜沉默地回头，寄身植物。

离家愈来愈近了。午后的阳光洒在杕杜的棉布长裙上，熠熠生辉。

家中永远是一成不变的样子吧。父亲的桌上永远铺着一本已被翻烂的《诗经》，他偶尔心情好时会看看多年前的手稿，但总是沉默着，于是杕杜也沉默。小屋外的海棠树已亭亭如盖，像极了《项脊轩志》的意境。若父亲生于前代，必定是一个才子，可他生在现代，还带来了杕杜。

杕杜天生带有悲天悯人的情感。她怜悯父亲，怜悯母亲，怜悯冬青，怜悯植物。

也应该怜悯自己。杕杜皱了皱眉。

窗外已然出现了熟悉的景象，玻璃上仍带有的寒气与南方温暖的空气相撞，凝结成液珠斜斜滑下，阳光轻轻地、静静地铺着，怀中植物标本的颜色软了下来，污浊的车窗玻璃也闪着光亮。

快要到家了。

如何形容自己的人生？

人们皱眉：我们不知道。

你们热爱什么？

西瓜，玩具车，大房子，女朋友，季节的变换，夏夜的星星，青春，回忆，阳光……太多了。

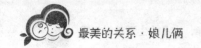

过去杕杜会告诉你：植物。或许在未来，杕杜会说：万物。

列车缓缓地停了下来，本就喧闹的人群立即群魔乱舞般涌向出口，仿佛只过了一秒钟，车轮与铁轨的摩擦声渐渐就听不到了。

杕杜紧紧环抱着自己的植物标本，松了松棉布围巾，背好布袋子，用尽全力挤向了人群。

阳光温柔地拥抱着杕杜。

南方的冬天委实不冷。

（本文是新概念作文比赛参赛作品）

这盛世如您所愿

1919年，顾维钧先生合案重叩，"中国人，永远不会忘记这沉痛的一天。"您很愤怒。

1927年，周恩来推开那扇门，三枪为记，"河山统一。"您是炬火。

1946年，闻一多应声倒地，用尽余力完成此生的最后演讲。"正义是杀不完的，因为真理永存。"您憾三年。

而今，距1949年新中国成立已经整整70年。您牺牲在祖国胜利的前夜，2019年阅兵时，车号"1949"的那辆车上空无一人，大概是想让您看见：这盛世如您所愿。

为了这盛世，您放弃私情。

蔡锷将军毅然转身："七尺之躯，已许国，再难许卿。"从此反袁护国，再难回头。

姚子青将军喟然离去："此去倘能生还，固属万幸，如遇不测，亦勿悲戚。"自此死守宝山，再无归人。

为这盛世，您以死相易。

张自忠将军甩手嘶吼："天津没守住，我走了！北平没守住，我走了！华北没守住，我还是走了！今天我张自忠，不走了。"这世上最至高无上的称谓便是战士。

秋瑾缓缓步向刑台："死并非不足惧，亦非不足惜，但牺牲之快、之烈，牺牲之价值，竟让我在这一刻自心底喜极而泣。"这世上唯能撼动泰

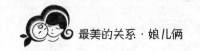

山的方式便是战死。

那年正如您所言，乱世如麻，一寸山河一寸血，十万青年十万军。而今便如您所愿，盛世如绣，七十春秋七十印，万里江山万里红。

您看，南昌起义那年粟裕只有20岁，今世青年亦各展雄姿。曹原二十出头便已登美国《自然》杂志，中国女排的姑娘们荣受了习近平总书记的接见，中国将兵亦由四方青年担任，不负当年。将军，您可感到欣慰吗？

您看，新中国成立那年因飞机不够用周总理决定飞两遍，而今军用飞机应有尽有，谓之琳琅。歼－20等战斗机位居世界前列。正是新一代长征路上的科研勇士创造了它们。周总理，我们的飞机再也不用飞两遍了，您可听到了？

您看，杂交水稻成功那年您完成了第一个禾下乘凉梦，如今杂交水稻覆盖全球梦已实现在即。70年中有数不胜数的中国人投身农业，助力机械化耕作，中国在三大产业的发展中生生不息。袁隆平先生，称您一声"圣人"，承您两个梦想，您可满意吗？

周总理，当年送您的十里长安街，如今已是十里繁荣。1969年美国人已能登月，而今中国的科技已突飞猛进，"嫦娥四号"已降落月球背面开展科学探索。那年父辈们只能肩挑背扛地修铁路，而今我们却能够将铁路事业自主化，火光电磁下凝聚起的不只是冰冷的钢铁，更是您的期盼。那年中国修不起最基本的桥梁，如今我们建成了世界上最雄伟的桥梁。您能安心了吗？

正如闲云潭影悠悠度日，今日之中国已是物换星移了70载春秋。相信您也已随那巡车检阅了今年的盛大阅兵方队。您看，闻一多先生扶着裂纹的眼镜端坐着，与西南联大的那群泰斗们谈笑风生；叶挺擦干脸颊的血迹，将军们笑意不断；毛主席走向了周总理，握手为誓，共庆国愿。整条长安街都站不下的千千万万烈士，犹若军帐庆贺，终得魂归故里。

您的努力没有白费，都是值得的，您听到了吗？

那女学生撕心裂肺怒喊的"中国不能亡！"响彻九霄，响遍行人，使得70年来代代中国人不由停步重新审视，该走的路究竟是什么。

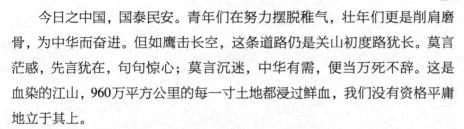

今日之中国，国泰民安。青年们在努力摆脱稚气，壮年们更是削肩磨骨，为中华而奋进。但如鹰击长空，这条道路仍是关山初度路犹长。莫言茫惑，先言犹在，句句惊心；莫言沉迷，中华有需，便当万死不辞。这是血染的江山，960万平方公里的每一寸土地都浸过鲜血，我们没有资格平庸地立于其上。

生于中华家便该明晓的，血管中流淌的，不仅是为人的权利，更是为中国人的担当。

您且看珠穆朗玛峰顶红旗飘扬，月球背面亦是中国印迹。虽说乱世出英雄，但盛世中国却是人才辈出。

吾辈之人，唯有以身献国，才能无愧于时代。这盛世如您所愿。

（本文获潍坊一中庆祝新中国成立70周年"我爱我的祖国"征文比赛一等奖，收录在《我爱我的祖国》一书）

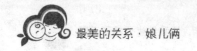

友情如同阳光 —— 写给同学

　　阳光是免费的。自古至今，芸芸众生，没有谁能够离开阳光而活在世界上。

　　友情如同一束阳光，照亮了我的青春世界。

　　田淑君，一个温文尔雅的名字。人如其名，文静、温和。她是我的室友，也是我的好朋友。第一次认识田淑君，是在刚入校的军训时。她文文静静地站在人群，好像一个上午也不说一句话、不吐一个字。我俩互相谨慎地打招呼，小心翼翼地交谈。渐渐地，淑君就露出了"真面目"：别看在大家面前少言寡语的，一旦回到寝室，她竟然也会疯狂地甩着枕巾在走廊里乱蹦乱跳。

　　淑君性格温柔，总是与人为善。谁跟她在一起，都会感觉很放松、很舒服，关系都很和睦。她很真实，总是捧着一颗真诚的心对待别人。当然，真心换真情，她的收获也是不可估量的。

　　看不出来吧，淑君还是一个"学霸"。平时在班里，她可是不显山不露水的，几乎从不抛头露面。但是一到测验，她的成绩总属于佼佼者行列，无愧于"学习标兵"的称号。据我观察，淑君之所以学习成绩好，得益于她课堂上的认真和心无旁骛。而且，她的这种专注的学习精神，经常会感染身边的同学。对此我深有体会。

　　那一天，淑君的同桌因为生病回家了，我趁机和淑君成了一天的同桌。就在那一天，在淑君的影响下，我感觉自己无论是听课态度还是听课质量，都比以前好了很多。我俩一起认真听讲，认真做笔记，积极讨论，热心为彼此讲解问题。往往是，我会做的题目她不太懂，她做对的题目我却不明白。我俩正好互补，在给对方讲解的同时，互相约定着共同进步。

虽然淑君交往不广，但她总是让我感到温暖。每次放学后看见我走得晚，她就等着我，然后拉我一起去餐厅吃饭，我俩就像亲姐妹那样亲密无间。

淑君跑步不算快，但她会向好朋友送上真诚的祝愿。有一次，我们进行 800 米测试，我跑了第四名，而淑君却没有挤进前五。她脸上泛着红光，眼睛里闪着星星，对我说："舍长，你好棒啊！"

那一刻，我感到了来自好朋友的鼓励和肯定。当然，淑君的话，也满足了我小小的虚荣心。

有关田淑君的故事还有很多，关于我们俩的故事还会继续……

阳光是免费的，没有它，谁也活不下去。在这个刚刚开始的青春岁月里，真挚的友情就像一束阳光，没有了它的陪伴，我们的日子就会在孤独中悄悄逝去。

淑君在我心目中是最美的，是成长中必不可少的伙伴。她就如这一束阳光，照亮了我的青春世界，让我温暖、自信地奔向我无限美好又充满期待的未来。

（本文是初一随堂作文）

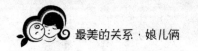

后记： 最美的相遇

当妈妈告诉我，她接到一个叔叔的约稿电话时，我并没有感到惊喜。因为当时妈妈刚做完手术没几个月，身体还在康复中；我只是一个再也普通不过、并不特别优秀的学生，而且我还没有考大学以证明妈妈的教育是成功的。

但是，妈妈说，她觉得约稿的叔叔说得没错，并非只有考上名牌大学才能证明自己是优秀的，一个善良、懂得感恩又身心健康、奋力拼搏的孩子本身就值得肯定。妈妈还说，梳理记录关于我们俩的印记，让她觉得自己的生活更有意义。

是的，我何尝不想更清晰地拥有关于我和妈妈的点点滴滴呢？于是，我答应了妈妈，并鼓励妈妈在身体允许的情况下以排列组合文字来转移已被贴上"癌症患者"标签的注意力。

很抱歉我只能通过几篇文章来表达我的思想。不是因为高中的学业负担繁重没有时间整理，而是因为关于我和妈妈共同经历的重点片段，由她来记录会更加全面，更能体现妈妈作为一个教育者的所思所想，也更能为看到这本书的读者提供有价值的启示和思索。

阅读妈妈笔下的这些文字，有些未曾了解的事情让我感到震惊，很多经历和记忆在脑海里不断浮现，也备感温暖。感谢出版社的叔叔和阿姨给了我这样的机会，让我用文章表达我的思想，用文字记录我的成长。看到自己的名字与妈妈的名字并列，我有一种和妈妈并肩前行、动力十足的感觉。

父母没法选择，但我和妈妈的相遇是最美的。她曾经告诉我，在我出生前失去了三个我的"哥哥或者姐姐"，她说得云淡风轻，就好像身体未曾因此遭遇过任何伤痛。她说那些并非想告诉我她的伤痛，只是强调那三个"哥哥或者姐姐"不能面世是因为我要到来，是特别的缘分让我俩成为母女。我懂得。

妈妈身材娇小，却是我的骄傲。她来自农村，考上大学后才在城市扎根。她是一位高素质的教师，工作勤恳，业务精湛，获得各种荣誉无数。无论是立足讲台教育教学、成为心理咨询师进行公益咨询，还是利用业余时间撰写文章，都是因为她心怀大爱，始终关注少年儿童的身心健康成长。那些听过妈妈的课、读过妈妈的书、看过妈妈的文章、听过妈妈的公益讲座者，都受益匪浅。有人说，妈妈做的这些都是"度人"的工作，是至高无上的。我也是这么认为的。

妈妈说过，一个人的思维方式决定了一个人的处事方式，对此我正深深体验着。妈妈吃了很多苦，她却把这些苦一一变成了自己的精神财富。她安静执着地优秀，悄无声息地坚强。她是我的榜样。

今年，突如其来的新冠肺炎疫情让这段时间极不平凡。武汉封城，全国抗疫，无数战士逆行而上，无数民众慷慨解囊，处处彰显着中华儿女的大爱、无畏和坚强。从钟南山、李兰娟、张文宏、李文亮等医生身上，我深切感受到了知识和品格的力量，也更加懂得了岁月静好的背后是有无数英雄在负重前行……没有一个春天不会到来，我坚信举国上下众志成城，一定能把这场战"疫"彻底打赢！我也会以英雄们为榜样，努力做好该做的事情。

最后，我想对妈妈说：余生山远海阔，愿您随心所向。您的前半生我无法参与，您的后半生我奉陪到底。

李懿霖

2020 年 2 月 20 日